核心素养背景下初中历史课堂教学创新研究

李淑娟　著

吉林摄影出版社

·长春·

图书在版编目（CIP）数据

核心素养背景下初中历史课堂教学创新研究/李淑娟著. --长春：吉林摄影出版社，2022.6

ISBN 978-7-5498-5567-4

Ⅰ．①核… Ⅱ．①李… Ⅲ．①中学历史课－课堂教学－教学研究－初中 Ⅳ．①G633.512

中国版本图书馆 CIP 数据核字（2022）第 196765 号

核心素养背景下初中历史课堂教学创新研究

HEXIN SUYANG BEIJING XIA CHUZHONG LISHI KETANG JIAOXUE CHUANGXIN YANJIU

著　　者：李淑娟

出 版 人：车　强

责任编辑：罗　晗

封面设计：刘　华

开　　本：787mm×1092mm　1/16

字　　数：197 千字

印　　张：9.375

版　　次：2023 年 12 月第 1 版

印　　次：2023 年 12 月第 1 次印刷

出　　版：吉林摄影出版社

发　　行：吉林摄影出版社

地　　址：长春市净月高新技术产业开发区福祉大路 5788 号

　　　　　邮编：130118

网　　址：www．jlsycbs．net

电　　话：总编办：0431—81629821

　　　　　发行科：0431—81629829

印　　刷：北京市兴怀印刷厂

ISBN 978-7-5498-5567-4　　　　定　　价：48.00 元

前言

随着素质教育的不断推进，教师在进行学生培养的过程中不再仅限于对知识掌握的要求，更加注重学生综合素质的提高。核心素养是指学生在学科学习的过程中形成的能支撑日后可持续发展的必要素养与能力。初中历史核心素养指向使课堂更加高效，使学生能够在课堂上学习到更多的知识，综合素质进一步得到锻炼。历史核心素养包含唯物史观、时空观念、史料实证、历史解释、家国情怀五大要素。五大核心素养是历史课程的核心价值。

初中历史教师要结合时代的发展需求，顺应时代教学的号召，创新教学模式，运用多种教学模式构建初中历史课堂，从而使学生在良好的环境下展开对历史的学习，帮助学生养成良好的学习习惯。初中历史教师要积极探索培养学生历史学科核心素养的有效策略，这是提升学科教学质量的客观所需，更是促进学生能力发展的内在需求。在今后的教育实践过程中，仍将继续进一步的探究，旨在为核心素养目标在初中历史学科教学中的落地生尽微薄之力。

本书共分为六章。第一章为核心素养下初中历史教学概述，对初中历史核心素养教学要素与历史学科含义进行分析；第二章为核心素养下历史教师专业素质，简述历史教师教学内容的设定、教学策略的相关知识与自我评价；第三章为初中历史教学中培养学生核心素养的路径；第四章针对初中历史课堂教学策略进行探究，分别对课堂教学设计、课堂教学备课、课堂教学环境、教学重点与难点进行分析；第五章介绍了初中历史课堂案例教学法，针对案例教学法的教学过程、应用范围、主导与调控进行探究；第六章针对初中历史课堂教学效果的优化进行研究。

由于个人水平有限，书中难免会有疏漏之处，恳请广大读者批评指正。

作　者

2021 年 12 月

目 录

第一章

核心素养下初中历史
教学概述

第一节　初中历史核心素养教学要素

初中阶段是向学生传播历史知识，帮助学生树立正确历史观的关键时期。在中小学进行改革的过程中，初中历史课堂也面临着诸多挑战。其中在课堂教学中最主要的问题就是加强历史核心素养的教学，这一问题将成为初中历史课堂改革的核心问题。

一、何谓历史核心素养

核心素养是指学校在开展课堂教学时，应指导全体学生必须掌握的知识、技能和思想素质内容。它围绕着我国全面深化素质教育的改革而展开，充分体现了我国的教育方针与教育方法方向。目前教育界对于核心素养的研究产生了诸多成果，主要包括以下内容：

一方面，核心素养包括学生在学习和社会实践中能够体现出来的应对能力和解决问题的能力，需要学生个人与其所成长的环境进行互动才能形成。同时，核心素养不同于知识和技能，而是代表着一个人的应对外部社会环境时所体现出的综合素质，除了自身从学校学习的知识外，还包括个人的思想与心理的素质。

另一方面，核心素养的主要内容可以划分为三个层级的结构：其中基础层主要是指基础教育体系中所传播的知识和技能，这是"双基"层面的课堂教育内容；中间层主要是指社会实践的层面，其中的主要核心是指导学生能够用"双基"知识来指导自己的认识与社会实践，提高解决实际问题的能力；最高层主要是指思想意识层面，即要通过基础教育进一步培养学生认识世界、分析问题的能力，训练学生的科学理性思维和创新思维，从而让学生在基础教育阶段就可以形成基本的思想与价值观，为学生以后继续学习和投身于社会实践奠定核心素养的基础。

从以上的分析中，我们可以看出初中教育中的核心素养教育，就是要关注学生的全面发展，结合学生未来适应社会的情况，找出学生必须掌握的各项素质和能力，对初中课堂教学的内容进行改革。在初中历史课堂的改革中，我们也需要根据历史这门学科发展的客观规律，结合初中生的特点，着重分析历史核心素养所应包含的主要内容：

（1）从学生掌握的历史学科的学习能力来看，历史核心素养就是要通过历史学科的教育，让学生培养正确的历史价值观，让学生从历史学习中收获知识、技能和历史经验，并将其转换为认识现实社会、分析现实社会并适应现实社会的综合素养。

（2）从历史科学的研究于发展角度出发，历史核心素养就是人们阅读历史、研究历史过程中所体现的基本科学素养。从整个学科的层面来看，历史学的研究具有现实意义。而从初中的历史课程来看，学生对于历史的学习，也主要是要让历史知识产生现实意义，从而影响学生的思想认识和价值观，提高学生认识现实社会的能力。人们对于历史问题的研究，主要包括研究史实、分析史料、产生历史评价等内容，因此初中对于学生历史课程的改革，也需要从这几个方面入手，逐渐培养学生的历史核心素养。

（3）从国际学生评估项目对学科素养的界定出发，有论者比较了中美历史教学的学科素养关注点的差异，将历史学科素养划分为学生对历史知识的理解、历史知识在新情境中的运用、对历史学科方法的反思、历史元认知的发展等维度。

（4）结合过去的中学历史教学实践来看，有人将核心历史素养总结为以下内容，即学生要用历史的眼光来培养自己的历史思维能力，能够正确认识世界历史与中国历史，对于历史有着基本的分析和理解能力，从而树立正确的历史价值观。基于这一观点，初中对于学生的历史教学主要可分为以下内容：一是历史知识，主要包括世界和中国历史中的重要人物、事件等；二是历史思维，即运用历史唯物主义的观点和工具来分析历史与现实，对人类历史进程的演进有着清晰的认知；三是要树立正确的历史态度，能够对国家与民族的发展史产生深刻理解，并认识和尊重各个国家和民族的历史发展过程。

（5）从历史核心素养与历史学的关系出发，有论者论述了历史学作为历史核心素养的基本前提的局限，指出历史思维是历史学科核心素养的重要特征，并指出历史学科核心素养的重大功能在于认识自我。

综合地看，历史教育界提出了历史素养、历史学科素养与历史核心素养三个概念，不同视角得出的界定各不相同。这里面既有语境、视角差异，又有关注主题的不同偏重。这其中，他们更多地将历史核心素养看成是历史知识、能力、意识及品质的有机统整与综合。

二、历史核心素养的构成要素

从上文的分析来看，历史核心素养包含多个层次、多个方面的阐述。因此，初中历史教育工作者在分析如何在历史课程中掌握核心要素时，需要全面分析核心素养所构成的要素，并根据教学的实际目标来对这些要素进行取舍，从而创造出与教学实践相适应的历史课堂内容。从国家的培养人才的宏观政策来看，核心要素的提出主要是针对新时代背景下我国社会发展面临的机遇与挑战，从而以学校基础教育为主广泛开展素质教育。通过核心素养的教育，提高我国新一代青少年群体的综合能力、创新能力和适应社会的能力。对于历史课程来说，历史的核心素养也是我国开展立德树人教育和思想政治教育的一部分，是培养学生人文素养的重要课程。因此，历史课程的核心素养教育应包括以下的基础支撑点：

第一，发挥历史课程在思想政治教育的基础作用。思政课程的根本目标在于立德树人，是培养社会主义优秀人才的关键路径。在学校开展大思政课程的改革中，历史课程需要与道德、政治、法制等课程产生协同作用，共同提高学生的思想水平与认识水平。在立德树人的总体目标下，我国青少年学生不仅要具有文化知识、科学精神、创新能力，也需要养成对国家与民族的认同，产生对国际社会的深刻理解，也要形成高度的社会责任感，形成健康的人生价值观。而历史作为具有科学实质和思想内涵的学科，对于学生的综合素质培养也是全方面的，它能够以历史学科的角度来培养人才，在知识上、认识上、思想上重点提高学生的思想道德素养。

第二，历史课程能够全面培养学生的人文精神与素养。在基础教育体系中，人文学科的各项课程，如历史、政治、艺术等，都是要强化对学生在思想、性格、审美与价值观上的教育，从而让学生产生更适应时代发展的思想意识品质。在以历史为代表的人文学科中，既包括科学体系中的知识内容，也包括帮助学生认识世界的思维方法与科学工具，即形成知识、方法与价值观等不同层面的核心要素。具体来说，在知识方面，历史的知识就是人们对于历史事件、人物及历史产物的理解。在方法层面，历史研究与分析的方法即是历史唯物主义的方法，包含了学生在历史课程中学习到的诸多思想方法与行为方法。在价值层面，学校要带领学生从历史课程中深入挖掘历史背后的基本规律、人的情感与积极的价值内涵。因此，学校结合历史学科的有关知识，深入传播历史研究的方法，帮助学生建构以学科为基础的人文科学思维，是初中历史核心素养教育的重要出发点。

第三，围绕当代历史的研究新成果开展核心素养教育。初中历史课程的教学不能只满足于过去的历史研究成果，也要从当代的历史研究中吸收新的成果。历史核心素养包含着多个层次的内容，而这些内容也与现实的历史学术研究有着紧密的关系。因此，初中在进行历史课程改革时，也要从历史核心素养出发，积极吸收国内外更加先进的思想、方法与经验，丰富历史课堂的教学内容。

结合上述的历史核心素养的教育理论分析，初中教育工作者在创新历史课堂过程中，应该融合以下要素进行创新发展：

（1）融入历史时空观。历史所研究的对象应该放置在特定的文明演变时空中来进行，因此，时间与空间都是历史研究和历史教学的基本要素。历史的发展是人或事物的变化发展，需要在一定的地域条件或时代背景下进行，分析这些时空背景也是进行历史研究的重要工作。时间与空间在历史进程中总是相互联系、不可分割的，初中历史教师需要在课程中帮助学生明确时空历史观念，从而能够在头脑中形成更加清晰的历史印象，并且能够将自身置入更精确的年代背景与地域背景，有利于帮助自己更加深刻地了解历史人物发展和历史事件发生的客观条件。

（2）融入历史证据。人们在研究历史的过程中，必须要根据文物、文字等资料来明确历史的发展进程，如果缺少史料证据的支持，历史就只能变成虚无的泡影。教师在向学生传播历史知识的过程中，有必要指导学生掌握有价值的历史证据，从而使自己置身于历史的情景当中。经过长期的学习、训练，学生也会养成以证据来佐证历史与现实的意识。形成证据意识，能够让学生学会实事求是的能力，可以具备分析史料的能力，也能够在复杂的资料中找到有价值的信息。因此，教师在历史课堂的教学中，要帮助学生建立分析、解读各种历史资料的能力，让学生建立起科学分析和逻辑推理的技能体系。

（3）培养学生的历史理解力。历史的传承是需要依靠人的力量来完成的，既需要人的进行社会实践来改造现实，也需要人运用思想的力量来实现对历史的理解分析。有学者指出，历史知识指的是人们在过去的时间中所经历过的事情，这些历史也会在人们的心灵中产生记忆，并且指导人们在现实中的活动。教师在指导学生学习历史的过程中，需要学生对历史知识产生理解，从而让历史知识在学生心中产生价值。学生历史的理解力主要是指学生将历史知识转化为内心的感悟的过程，能够帮助对历史人物和事件产生代入感、形成同理心，从而能够在历史中吸收更多的经验，加强对历史规律的理解能力。

（4）融入历史解释能力。历史解释与历史理解有着一定差别，除了要关注对历史知识本身的理解外，历史解释还需要跳出历史，用当代人的知识结构与价值观念对历史产生新的阐释，从而形成新的学术知识，让历史对于现实实践产生新的意义。在初中的历史课堂中，教师也需要结合初中生的知识结构，带领学生形成一定的历史解释能力。重点应在于让学生清晰历史教材中那些内容属于史实，那些内容属于现代人总结出来的历史解释，并且能够让学生用科学的方法来分析历史，给历史知识赋予当代价值。

（5）融入历史评价思想。历史评价主要是指人们采用一定的方法对历史人物或事件进行分析评价的过程。人们在进行历史评价的过程中，通常会以一定的价值观来进行评价，从而让历史内容和历史的价值实现统一。初中生要想在学习历史的过程中产生评价能力，就需要产生历史思维，并且树立一定的价值观体系。教师在教学过程中，需要让学生产生历史评价的思想，要求学生能够针对历史知识作出符合主流价值观的评价，用辩证分析的方法来分析历史的价值。同时，经过对历史的评价，学生也可以从历史中了解当代现实的发展规律，深入认识到历史发展的整个过程，从而对自己的世界观、价值观产生积极影响。

以上五种要素都是教师需要在初中历史教学中融入的核心要素，围绕这些要素开展教学，才会有助于帮助学生形成历史核心素养。在这些要素中，既有外在的素养，如时空观和证据观等，它们能够帮助学生更加清晰地掌握历史发展的过程；同时也包含人文、思想与价值方面的素养，如对历史的理解、解释和评价等，它们能够帮助学生深入理解历史发生的本质，掌握民族、国家和整个文明史的客观规律，从而将这些思想与价值的知识作用于学生个人的成长，帮助学生构建完整的思想价值观。因此，学生只有掌握了核心素养，才算得上是真正学习了历史，因而历史课程也在初中教育中发挥了真正的作用，不仅作为一门学科丰富学生的知识体系，同时也作为思政教育的手段实现了立德树人的教育目标。

三、历史核心素养与课堂教学过程

(一)时空观念、证据意识是历史知识习得的前提

历史知识具有十分复杂的结构,是一个动态发展的过程,在历史发展过程中,不仅有人、物等要素的作用,还涉及重要的时间与空间因素。研究和学习历史,就是要打破时空限制,用证据、史料等找到历史中发生的史实。因此,学生在学习历史的过程中,要从时空观与证据意识的角度出发,为历史的学习打下良好的基础。

在人类文明的发展史中,过去的重要人物和重要事件都成为文明的记忆,这些记忆在时空的延续过程中,会变成经验、知识与文化,推动着文明的进步,从而让人类这一群体得以成熟、进步。而这种记忆的形成,又与人类活动的时空产生必要的联系。因此,现代人要想把握这些文明的记忆,也需要对时间与空间进行还原,从而对过去发生的历史产生深刻理解。

从学生个体层面看,学生的心理时间具有分段性。过去时间和未来时间在心理结构上是对称的。时间总是从无限的"过去"经"现在",向着无限的"未来"去的。人们也倾向于把时间看成是从过去、经过现在到将来的连续体。不仅如此,无论叙述历史事件,还是探讨历史人物,都离不开时空观念以及证据意识的基本支撑。"时空就是属于人的、社会的时空,只是在不同的讨论语境中表现出不同的社会规定性。时空具有测度性(测度时空)和价值性(价值时空)的双重规定性。"

历史知识需要证据意识加以确证。历史知识还需要时空观念赋予认知秩序。有意义事件组成的时序表征具有空间特性,有意义事件构成的历史知识是通过内在的时空确认加以紧密联系的。现象学认为,我们具有利用视觉感知的内容,它奠定了空间显现的基础,空间显现是指各种确定的、在空间中这样或那样被安置的事物的显现。如果我们从所有超越的意指中抽象出来,并且把感知显现还原为被给予的原生内容,那么这些内容就产生出视觉领域的连续统一。现象学的素材是时间立义,是客观意义上的时间之物显现于其中的体验。从现象学角度看,给予我们的还有体验因素,它们奠定了时间立义本身的基础,这些体验因素也就是一种特殊时间性的立义内容。借鉴现象学的上述观点,学生只有将曾经发生的历史事件(或出现的历史人物)赋予经验上的时空确认,才能习得意义性的、含有内在时空秩序的历史知识。

时空观念对于历史知识习得的重要性还在于,历史知识所指向的"过去"可以凭借时空观念变成"现在"的,也可以成为"将来"的。"当个体心灵面对历史之前,历史是自在的,而当个体心灵与历史发生交往行为时,个体心灵与历史这两个系统发生了主体间性关系,历史在个体心灵中成为确定的现实,而个体心灵则成为历史存在的方式,两者之间被相互确证。"对学生而言,历史知识的习得正是借助于时空观念、于各种不同维度史料

中去理解不同历史条件下人们的生存境遇和他们在其中的体验、感受，在历史延续的时空隧道中走进历史人物的心灵，进而使个人获得理解、体验与意义。

（二）历史理解、历史解释是历史学科能力培养的基础

从某种程度上讲，历史学科能力培养主要体现于历史知识于新情境中的迁移与运用。在这里，情境是基于历史理解的、依附于历史学科的"情境"，是镶嵌于具体的"问题"中或者成为激活掩埋于历史内容之中"问题"的外在条件。在历史课堂教学过程中，历史知识在新情境中的迁移与运用，更直接地体现于以史料为载体的和对历史人物、事件、制度等的历史理解、对话与解释中。

历史理解以时空观念和史料的确证为基础，在技术层面强调对史料严格的实证性研究，同时注重对历史语境的解读与复原，包括对文献或经他人加工过的史料所包含的信息的文本语境的复原；对过去发生的实际语境的复原；对文本作者的概念、理论或宏大理论框架与思想的复原。所有这些，都是在培养精神和意识层面所具有的跨越过去与现在的认识或理解的能力，也就是所谓的"同情的理解"。当然，史学中理想的历史理解，就是对历史语境的真了解。

历史解释在某种程度上是历史理解的外在表达，是发掘历史意义、赋予史实以生命的认识方式。在历史课堂教学过程中，学生不仅要基于史料发现与理解史实和现象，更要以史料为依托进行历史探究，对历史材料进行解读与组合，构建对历史的多元阐释。

无论历史理解，还是历史解释，都是学习者内化历史知识后的情境理解与运用，是培养历史学科能力的必要基础。

第二节　历史教学论的学科含义与教学观念

一、历史教学论的学科含义

（一）历史教学论的学科地位

历史教学论是学校开展历史学科教学的重要理论依据和教学工具。在历史教学中，教师不仅要关注教学的内容，也要掌握正确的教学方法，并且还需要按照正确的历史观向学生传播知识。历史教学论就是一门研究历史教学规律、方法以及学习历史的方法的一门学科，将对历史教师的教学实践产生重要的指导意义。同时，历史教学论也需要与其他的教学理论产生联系，在其他理论的共同作用下提升初中历史教学的理论水平。

1．对历史教学论的基本认识

历史教学论自出现以来，就对各个国家的历史教学实践产生了重大影响，这门学科从产生之初就与其他教育理论产生了紧密的联系。因此，要想深入了解这门学科，就需要从多门理论的角度来理解历史教学论的演变过程。一是该学科与教育学和教育心理学有着密切关系，使人们结合历史教学的实践经验，按照教育学的基本方法融合而形成的。二是历史教学论必须在历史课程论的基础上进行发展，要将课程与教学紧密联系起来，加强历史教学的价值分析。三是在实践过程中，历史教学论要与教师的技能、特长与经验紧密结合，进一步指导历史教学实践。四是该学科要不断发展，并且充分融合历史学的新成果和新理论。

历史教学论不光是一门理论学科，也是一门用于实践的学科。在理论层面上，该学科重点研究历史教育中的"教"与"学"的理论问题。并且该学科通过吸收其他学科的理论基础，最终形成完整的教学理论成果。在实践层面上，历史教学论也可以帮助教师解决教学应用的问题，它也重点研究历史教学中的基本方法和技巧。因此，历史教学论已经成为一种既有理论价值，又有应用价值的专门科学，解决的是历史教学实践中的一般性问题和特殊性问题。但历史教师对历史教学论的掌握，并不是能从中得到具体的教学方法，而是可以对教学实践和创新提供必要的指导。具体的教学工作还是要有教师根据自己的经验和课堂实际情况来完成。

历史教学论并不是我国教育理论界的原创学科，也是在现代化教学改革中从外国引进而来的。在我国传统的教育实践中，语言、文学与历史属于同一门学科，古代流传下来的是传统的治史理论，这也是一种治学理论。到了近现代以后，我国的基础教育才出现专门的历史课程，逐渐出现相关的历史教学法。

20 世纪西方出现的历史教学理论也迅速传入我国，成为我国的历史教学论。与西方不同的是，他们的历史教学论是在通用的教学理论基础上发展起来的，其基础是教育理论；但我国的历史教学论则更倾向于历史学科的理论，基础是历史学科的理论基础。在教学研究与实践中，历史教学论与原有的历史教学法有着很大不同，前者主要研究的是历史课程中的教与学的理论和实践，后者则主要关注如何将历史大纲中的内容应用于实践。因此，历史教学法存在理论深度和体系的不足，主要是一种初级的教学经验总结，而后来发展的历史教学论则在理论上丰富了对历史课程的研究，并且融合了教育理论中的各种成果，成为一种有着独立体系的理论研究学科。

2. 教学论对历史教学论的影响

教学论是从近现代教育理论体系中衍生出来的一门学科，其研究的对象是教学，具体来说是研究教学在教育体系中的地位，教学的本质与客观规律，教学的内容、形式及组织管理等。在西方近现代教育理论中，教育学衍生了教学论，教学论又衍生出各门学科的教学论，其中就包括历史教学论。因此，从教育学发展历史的脉络来看，历史教学论是教育理论体系实现专业化发展的结果。

教育家夸美纽斯所著的《大教学论》是早期形成的教学理论成果。在他的论述中，教学被看作是一个引导人们走向智慧道路的过程，他着重分析了人在教学中的地位，挖掘了人本身具有的学习能力，并提出了教育在人的发展中的重要作用。同时，夸美纽斯也结合了自己的思想提出了人们在教学工作中的基本原则与理论。世界进入现代社会后，由于科学技术实现了快速发展，社会也实现了快速的进步与解放，教育在社会发展的中也变得越来越重要。尤其是在第三次科学革命发生期间，全球的教育理论也得到了飞速发展，人们对于教学理论的研究投入了极大热情，由此形成了多种流派的教学论成果。

上述教学论的研究方向都是以新的科学技术的教学与发展为基础，结合各国对于新式人才培养的需求，重点探索现当代教学的理论和方法。同时，这些教学论成果也充分吸收了其他学科的优秀成果，将各类学科的理论方法整合起来，共同服务于教学实践。尤其是系统论、信息论等新的理论成果，更为教学理论的完善提供了更加高效的理论实践工具。

同时，我们也应该意识到，教学论在发展过程中，各种流派的观点研究的重点并不相同，因而产生的结果也各有不同。其中有些理论研究的对象主要在于教学这一活动的本质与规律，还有一些理论研究的对象则在于教学活动的具体方法与技术等。这种研究方向的不同使教学论既产生了理论研究的倾向，又有着浓厚的技术发展倾向。因此，整个教育界对教学论本身的认知存在着分歧。我国在引入外国的教学理论中，也需要认识到不同理论流派的分析，要把握不同的教学论成果重点放在学术上还有技术上。

我国在教育改革的过程中，人们对于教学论的研究起步较晚，只有在改革开放之后才形成了对教学论的系统研究。而在此之前，国内没有针对教学进行专门研究，也没有形成独立的教学论学科体系。改革开放后，教育学界才开始系统地从外国的教育理论界翻译并吸收教学论的相关成果。在这个过程中，我国教育学界也认识到了世界当代教学论中关于学术研究与技术研究方向上的分歧。我国学者也结合我国的教育实践，不断对各种学术成果进行汇总分析，并探索出新的教学论研究成果。

加强对教学论的系统研究，对教学论对象的分析和理解，有助于帮助我国教育学界进一步探索历史教学论的理论和方法，并且能够清楚认识教学论与历史教学论将产生怎样的影响。这些影响包括：首先，教学论是由教育学衍生出来的二级分支学科，但这种理论也没有深入到具体的学科当中，因此难以从具体的教学实践中找到可以依托的案例基础。教学论在某一学科中的应用研究，有可能与别的学科产生矛盾，从而影响了这门学科的通用性。对于历史教学论来说，人们对于历史教学的研究，也会反过来影响教学论理论体系的发展。其次，教学论的研究对象只限于教学的一般规律，在研究具体学科的特殊规律上依旧存在许多困难。在我们进行历史教学论研究中，只能从教学论体系中吸收一般的理论成果，但对于历史学科的教学研究还要进行具体问题具体分析，而不能从一般的教学论中照搬实践的方法与技术。最后，在历史教学论的本质规律时，我们更多地还要从历史学中吸收理论成果。

3．历史教学论与历史课程论的关系

历史教学论与课程论之间存在着十分复杂的关系，主要原因在于教育学界对于教学论与课程论在教育体系中的关系与地位一直存在很大争议。在 20 世纪初期，课程论从教育理论中独立出来成为一门专门的学科，随后，教学论也成为一门分支学科，二者都是从教育学中分化出来的次级学科。有些学者认为，教学论应该属于课程论当中的分支学科。但也有学者认为，在教学体系中，课程与教学研究本来就是不可分割的整体，因而只存在着研究方向的不同。还有学者认为，课程研究与教学研究都具有不同的规律和特点，因此二者之间存在相互独立的关系，人们可以将二者都当成教育学中的分支学科来进行研究。

一般来说，对于历史课程来说，历史教学论应该与历史课程论共同发展，二者实践应用中可以融合为一体，但在本质规律上依然存在很大差别。我们在研究和应用中要注意对二者进行区分。举例来说，历史教学论的研究对象主要是历史教学的本质规律与价值，在这个过程中也需要涉及历史课程设置产生的影响。同时，在历史课程理论研究中，我们也需要从教学的目标、成果等角度对课程所产生的教学效果作出判断分析，这就涉及了教学论的基本内容。总之，我们在研究初中历史课堂的教学创新研究中，不光要研究教学与学习活动的规律和方法，同时也要对教学涉及的内容进行详细的分析。

（二）历史教学论的学科内涵

历史教学论是对历史教学活动的规律、方法、形式等进行的研究。要想深入研究历史教学论，我们就需求深入分析历史教学活动的基本概念、内容和教学主体。

1．教学活动的含义

从字面意义的分析来看，历史教学可以分为历史和教学两个词组，其中历史主要是指教学活动的主题内容，要向学生传播历史的相关知识。教学的含义包括"教"与"学"两个部分，在实践中，学校要围绕历史这门学科，对教师的教和学生的学进行具体实践，从而提高历史课堂教学的质量，达成学校历史教育的效果。

在新时代背景下的初中课堂教学中，我们对于历史教学的认知，不能简单地将其划分为"教"与"学"两种独立的活动。从教育发展的历史来看，教的活动就相伴学的过程而共同发展，二者的地位同等重要，如果缺少任何一个环节，就会影响到整体的教学质量。教育理论界对于教学活动的研究，要从动态的角度来进行。在当前的信息化时代，教学活动已经不仅限于学校中的教育，无论是教学的形式还是学习的形式，都从学校扩展到社会与家庭的层面。

现代学校的产生与发展，是与教学活动的发展有着密切关系的，可以说人们为了更好地开展教学才创造了学校。而学校最主要的活动就是开展教学，这种活动的形式与社会中其他的生产、生活方式都有着本质的不同。通过建立学校，学生可以将大部分时间都用于学习活动，并且能够接受教师的专业化教育。学校所开展的历史教学，就是要在教师的指

导下，让学生能够系统地掌握历史知识。在现代化的学校教育体系中，学校会被划分为不同的等级，从而满足不同年龄段学生的学习需求。不同等级的学校在进行同一门学科的教学时，其教学的重点与深入都是逐级加强的。例如，在历史教学活动中，高等教育对于历史的教学主要是培养历史专业的研究型人才，其教学的内容更加专业。而初等中学在历史教学中，主要是将历史知识作为一种通识教育的内容，让中学生能够掌握必要的历史知识和历史分析方法。同时，对于初中来说，历史教学也是思政教育的一部分，其目的是提高初中生的认识水平、思想道德水平。需要注意的是，初中历史教学活动也是一个动态发展的过程，需要结合时代的变化和社会对于人才的需求而进行改革。

在学校的教学活动中，开展教与学活动的主体是教师和学生，因此，师生之间的互动关系能够在很大程度上影响教学活动的成果。我们对于教学活动的研究，应该重点将教师与学生当成研究对象，探索建立新型师生关系的新思想。另外，教学活动的其他影响因素也很多，其中包括校园的教学环境、学习环境，外部的社会经济条件和文化环境等。因此，这些能够影响教学活动进展的影响因素也是主要进行研究的内容。从这个意义上来看，教学活动的含义也不止包含教与学的关系，同时也包含着人际关系、文化环境、物质条件和思想道德等内容。

2. 历史教学的内容体系

历史教学的内容研究是初中做好历史教学工作的重要一环。从教学论和课程论的理论融合来看，初中历史教学的内容既包括课程体系，也包括教学的方法体系。在初中历史课堂上，学校首先要明确的就是教师要教的内容和学生必须要掌握的内容。根据以往的经验，许多教师会认为，初中历史的教学内容无外乎历史教科书上的内容，因此教师只需要按照教科书来开展教学即可。这种观点实际上还是将历史的课程论等同于教科书，从而降低了教师与学生这两个主体在教学活动中的作用。在这种课程观念的指导下，教师在教学过程中只会注重对历史知识的传播，但缺少了对学生历史理解、历史解释与历史分析能力的指导。学生在学习过后，可能会记住一些历史人物和史实，但对于历史发展过程的深层次意义缺少理解，也没有借助历史形成正确的思想价值观，掌握历史学习的方法。

在核心素养教学的课改背景下，初中历史教学的目标与任务有了更丰富的内涵。其中一项重要的变化就是教学内容得到了丰富和发展。它要求广大教师能够结合时代的变化，指导学生更好地学习历史，并可以运用历史学习的方法和历史知识指导自己的现实生活。

从含义上讲，历史课程不仅包括历史学科的内容，也包含学校的历史教学活动，即通过国家所配置的教材、学校本身的教学计划及教师的教学工作出发综合形成历史课程的内容。因此，历史课程不能等同于历史教科书上的内容，也包括教师在设计课堂教学时预设的内容和学生在学习过程中生成的内容。

初中广大教师在探索历史教学内容的创新过程中，应该注意避免以下几种误区：

第一个误区，不能将历史课程的内容等同于历史学科的内容。这种观点实际上没有将历史学研究与历史教学区分开来，从而产生的含义上的模糊。诚然，历史课程的产生是以历史学科内容为基础的，其中包括基本的历史资料、概念和结论等，但历史学科的内容不能直接成为初中历史课程的内容。首先，初中历史课程在内容上以最基础的历史知识为根本，帮助学生掌握历史发展的总体脉络，认识历史发展中的重大事件和人物。其次，初中历史教学也有自己的标准和目的，按照初中历史课程标准的要求，历史课程应该避免过于专业化和成人化，要与历史学科的研究区分开来，要能适应初中生的理解能力和发展需求。总之，历史课程的内容是要让学生掌握必要的历史知识，提高学生的人文素养，培养学生形成健康的人格。历史课程的内容体系不能只满足于对知识的传播，而是应侧重于对学生能力的培养，要让学生通过学习历史来提高学习能力，让学生用历史的分析方法来服务于自己的学习与生活实践。

第二个误区，不能将历史课程等同于学校的历史教材和教学大纲。在以学生为中心的课程改革中，历史课程虽然要以教科书为基础，但还要受到学校和社会的客观物质条件和文化环境影响，也会受到教师的教学水平与学生的学习能力的影响。在实际的历史教学中，教师既需要按照教学大纲与教科书的内容开展教学活动，也需要结合自己的经验与历史学界的新成果来创新课程内容。在全国基础教育课程改革的背景下，教师在历史教学中需要加强与学生的互动，加强学生自主学习能力的培养；要创新教学内容与方法，注意情境教学的应用。教师通过创新开发形成的新课程内容，更有利于让学生产生学习兴趣，加强对历史知识的理解。

3. 历史课程的主体

现行的初高中历史课程，均属于国家课程。作为国家课程之一的历史课程，可从课程的审定、课程的实施、课程的学习三个方面来认识其主体。

第一，历史课程审定的主体是国家。在当今世界上，政府颁布的课程标准体现了国家的教育主权。课程标准对具体学科课程的总体设计、课程性质、课程目标与基本内容做了统一的规范性要求。在我国，教育部制定基础教育课程发展总体规划，确定国家课程门类和课时，组织专家团队制定历史课程标准，宏观指导基础教育领域的历史课程实施。专家编制的历史课程标准草案，均应提交国家有关机构进行审议。显然，国家是历史课程审定的主体，但课程则需要一线教师予以实施。历史课程的审定是国家对课程的刚性要求，在具体实施中则有向弹性发展的趋向。

第二，历史课程实施的主体是教师。从历史课程实施的角度看，历史教师的主体地位是不容置疑的。国家课程以课程标准为基本文本，其具体实施者是广大一线教师。近年来，当人们将视角局限于教学活动中时，很难对历史教学的主体作出恰当的界定。有人认为，教师是教学的主导，而学生是学习的主体；也有人断定，教学的主体就是学生；也有人提出折中的观点，教师是教的主体，而学生是学的主体。看法的不一致，致使一线教师在课程改革中的主体意识难以确立。当我们置换一下视角，将目光转到历史课程上来，就会理解教师在课程实施中的主体地位。这一认识的确立，既有助于历史教师确立主体意识，也有助于历史教师确立课程意识。在当今世界上，教师对于"课程实施的'忠实取向'正在被'相互适应取向'与'课程创新取向'所超越"。这充分表明了教师在课程实施中主体地位的提升①。

第三，历史课程学习的主体是学生。虽然，历史知识大都体现为间接性的知识，在历史教学中教师的讲授很重要，但学生在历史学习中应该具有主体的地位，不能一味充当被"间接经验"灌输的对象。实际上，学生的智力水平并非人人一致。从天生智能的角度看，每位学生均有不同的智能优势区域；从思维的特性看，每位学生都有不同的个性表现。同时，学生在历史学习前并非处于一无所知的状态，学生对历史的认知也会受到各种非智力因素的牵动，学生在历史学习中有自身元认知提升的过程。上述这些方面，都表明了学生这一学习主体不是铁板一块，其多样化的表现是历史教师在实施历史课程时应该认识到的。

我们应该看到，课程是一个动态发展的系统。第一，课程的内涵会随着时代要求的变化而发生改变。英美两国的历史课程标准颁布后，都在数年间再度修订。在我国，历史课程标准也在重新修定之中。第二，课程的外延会随着时代的要求不断扩展。关于这点，集中表现在国家、地方、学校三级课程的产生上。三级课程的出现，体现了国家教育权的分立与下移，也体现了课程制定中的统一性与多样性相结合的原则。在三级课程体制下，最终的教育权仍由国家把握。各级教育行政部门应根据国家对课程的总体设置，规划符合不同地区需要的课程实施方案（包括地方课程的开发与选用），并报教育部备案。学校在执行国家课程和地方课程的同时，可开发或选用适合本校特点的课程。不论课程如何发展，课程实施的主体和课程学习的主体是不变的。而且，不论哪类课程出现，都以教与学的有效性为宗旨，只不过"有效"的视角和立足点在不同的时代有不同的看法而已。

（三）历史教学论发展的趋向

20 世纪 50 年代以后，全世界进入了一段快速发展的时期，并产生了第三次科学技术革命。在这段时期，原子能、计算机、信息技术、生物技术等科学技术得到广泛应用，推动了各国经济社会的快速发展。在经济、社会与文化快速变革的背景下，知识信息成为与每个人息息相关的重要资源，带动了个人与国家的全面发展。到了 20 世纪末，得益于科学技术的进步，信息技术、通信技术在社会生产生活中占据了更加重要的作用，推动全世界进入知识经济时代。

知识经济给社会全体成员都将带来巨大影响，要求每个人劳动者和学生都必须掌握更新的技术、拥有完备的知识结构。在传统的工业生产中，工人只需要掌握一门技能就可以胜任生产工作，但在知识经济条件下，劳动者需要的是具有不断学习的能力，要能够不断吸收新的知识和技能，使自己能够适应社会的快速发展。因此，在知识经济的背景下，学校教育与劳动者的终身学习连为一体，让学生不仅要在学校中学习先进知识，也需要在参与社会生产中具备学习的能力。因此，知识经济促进了社会学习文化的形成。

当代的教学论需要结合知识经济和学习型社会的发展而进行理论创新，从而指导教育工作者在知识经济时代做好育人工作。一是在课程内容上要顺应时代发展，能够不断进行教学内容的创新，及时吸收社会中的思想和科学技术的前沿。二是在教学中强化学生的自主学习能力，要让学生掌握思考、创新的技能，使其能够运用自己所学的能力进一步适应社会，养成终身学习的习惯。三是在教学方法上要实现现代化与信息化，教育者要能够引进先进的教学技术，用综合手段改变传统的课堂教学模式。四是学校要将知识教育与能力教育结合起来，让学生能够在实践中学习，改变过去以知识灌输为主的教学模式，提高学生的动手实践能力。教师也要带领学生参与社会实践，使学生通过自己动手来获得知识技能的学习条件。

在我国的基础教育阶段，学校需要为青少年的未来奠定良好的基础。为此，教育工作者需要结合当代教学论的有关研究成果来推进课程改革。同时，学校也需要注重基础教育的公平性，要让每个学生能够拥有学习知识、掌握技能的权利。学习要通过现代化的基础教育，从整体上提高青少年群体的综合素质，使青少年拥有广阔的发展前景，能够在未来的学习与生活中适应快速发展的知识社会。在初中历史课堂教学中，学校和教师也需要以时代需求为基准，以历史教学论为指导，加强课程改革。一是处理好历史课程与历史教科书的互动关系，实现内容上的创新；二是历史教学要实现知识教育与能力教育的协调发展，让学生通过学习历史提高思维能力，实现立德树人的目标；三是让学生通过对历史的分析、理解，掌握认识事物、分析事物的方法，奠定终身学习的基础。

经过多年的教学实践，人们对于历史教学的现代化发展也积累了丰富的经验，并且能够从不同角度提出课程改革的方向，也对过去的许多做法进行了反思。例如，针对历史教学方法与先进技术融合的问题，许多学者强调历史教学不能只满足于追求信息化教学。数字技术、信息技术在历史课堂教学中的改革是比较有限的，无法从根本上提高学生的学习能力。如果学校盲目追求以多媒体技术来进行教学，并不能让学生学习更多的知识。历史教学方法的改进，还需要着眼于体验和实践，要让学生能够近距离接触历史文物与资料，这样才能更好地产生学习体验。例如，学校可以组织学生参观博物馆或考古遗址，让学生能够直接与历史文物产生联系。这种实践教学方法要比多媒体上的图像资料更加有效。

从全球各国对于青少年群体的历史教学实践来看，也有不少学者对学校课程的现代化改革提出了反对意见，认为一味进行课程改革，对基础教育并没有产生更好的效果。一些学者认为，如果一个国家频繁进行课程改革，会使基础教育没有延续性，反而积累了许多新的问题。尤其是对于教师来说，如果课程内容和教学方法经常发生改变，教师会难以适应时代的变化，从而是自身的教育能力受到影响，过去的教学经验也失去了作用。这类观点虽然看到了一些问题，但依然不能解决课程改革的实质性问题。我们需要看到，课程改革是学校为了适应快速发展的知识经济时代而必须进行的事情，如果教师没有能力学习新的知识和技能，也会更快被时代所淘汰，这对于基础教育面向未来的发展是十分不利的。

在历史课程改革方面，欧美国家也作出了很多尝试，并在实践中产生了教育界的观点分歧。然而尽管如此，各国在各种学术观点的争论当中，历史教学论的理论研究也得到了快速发展。我国在课程改革中的力度也比较大，许多学校和教师不得不改变过去的经验，引用更为先进的教学思想。尽管短时间内会让许多教师产生无所适从的感觉，但从教育的长期性和时代性来看，这种改革有利于我们更新教学的内容，改善教学的方法，也有助于帮助我国建立更为先进的基础教育机制。从历史教学来看，我国长期存在着教学内容陈旧、教学方法保守的问题。通过新课程改革，学生的主体地位得到了重视，教师也围绕学生的全面发展积极探索新的教学思路。在这个过程中，一大批具有先进思想和创新方法的教师成长起来，其对历史教学的能力进一步得到增强。

在未来的历史教学实践中，教学论的发展和课程改革将会进一步深化，总体的趋向如下：一是信息时代造成的技术、信息的发展日新月异，将会在未来以更快的速度推动历史教学论的创新。二是在未来的历史教学中，学生的主体地位将会进一步被确立。因此，学校历史课堂教学成效的判断标准是以学生的需求与学生的发展为标准，判断学生能否实现全面发展。教师需要结合学生的特点来提高教学能力。三是在历史课程改革过程中，国家与社会需要建立新的教学评价机制，加强对教师专业能力的评价。而进行评价的主要方向依然是围绕学生的成长与发展建立相关标准。

二、历史教育观念的跨时代转变

历史教育观念在新时代的发展，需要经历一系列的转变。其中需要我们重点关注的是如何认识历史的概念；如何认识课程的概念；如何认识历史教学的概念以及如何看待历史教科书。

（一）对"历史"认识的转变

在进行历史教学之前，我们需要对历史有着更深入的理解。历史中的"史"字代表着过去的时间内，物质世界及人类世界所发生的过往的经历。历史的广义含义是物质、地球乃至宇宙从诞生之初到现在的漫长演变过程中所发生的一切事件的总和，其中包含宇宙演化史、地球演化史、生命演化史等内容。历史的狭义含义则专指人类的文明史。各国社会所知的历史学科与历史教育都是指其狭义的含义，即研究和传播文明史的知识。对于历史研究和历史教育来说，人类文明史还可以被划分为两个部分，即以文字史料的诞生为节点，将人类历史分为史前文明和文字产生后的历史。按照《大英百科全书》对历史含义的诠释，历史可以包含两个层面的内涵，一方面是指人类文明所发生过的历史史实，另一个方面是指人类对于历史的态度和研究方法①。

随着时代的发展，历史逐渐发展成为一门独立的、专门的学科，学者和教育工作者对于历史的含义有了更明确的细分。早期的历史学科可以算作哲学的一门分支学科，人们研究历史也是在研究哲学，主要是从研究方法、研究价值入手，从思辨或分析的角度来看待历史，深入寻找历史的价值。从历史哲学的发展中，马克思等学者创造了历史唯物主义观念，让历史的含义进一步发生转变。历史唯物主义首先确定了历史存在的客观性，其次是强调了历史研究者对于客观历史的主观认识。二者结合起来才能构成完整的历史科学。同时，历史唯物主义也强调，人在主观认识上总会存在局限性，人们对于历史的分析也存在很大的局限性。在研究历史的过程中，需要人们用科学的分析方法找到历史发展的客观规律。

表1-1　"历史"认识的转变

旧观念	新观念
历史课程是对已存在并且不可改变的事实的简明陈述	历史课程是以事实依据来构架知识，而这些知识的结构是可以改变的
历史课程是一门非解释性的描述性学科	历史课程不仅包括描述，而且包括解释
历史课程是一门依靠记忆进行学习的学科	历史课程是一门解释和解决问题的学科
历史课程是对过去的一种记录	历史课程是对学生各自民族、文化和社会渊源的记录，并且也可看作是他们自身经历的延伸
历史课程是与个人无关的学科	历史课程是与个人有关的学科
历史课程比数学课程容易	历史课程比数学课程难度高

上表所反映的"历史"新观念，对历史课程的设置、历史教科书的编写和历史教学活动的开展都产生了不容忽视的影响。

第一，历史对于人类社会及社会中的每个成员都具有广泛的意义。历史不光是由英雄人物创造的，更在于历史是由最广大的劳动人民创造的。历史与每个人都息息相关，不仅

---

① 李卓．"功能加忠诚"原则指导下《大英百科全书》网站人物传记专栏翻译策略研究——以狄更斯和穆罕穆德传记翻译为例［D］．长春大学．2021.

从大范围上的国家和民族拥有自己的历史，而且每一个独立的个体也有自身的人生经历和历史。初中在进行历史教学时，不仅可以把握历史的整体脉络，也可以将民间与个体的发展历史当成历史课堂的内容。同时，教师不仅可以关注历史事件，也可以结合热点时事来关照历史，从而让学生能够从多个角度和现实的角度来分析问题。在进行历史课程的情境设计中，教师可以将现实中的国际事件与历史发生的事件对应起来进行授课。

第二，历史唯物主义哲学的思想出发，历史不仅在于对史实的描述，也在于对历史的主观解释。学校在历史教学中，需要把握历史发展的基本规律，帮助学生以正确的认识工具来解释历史。目前，学校历史课程中所引用的历史资料、历史描述等内容，都存在主观解释的部分。尤其是对于历史事件的观点和分析，都是人们进行主观解释的结果。初中在进行历史教学中，可以对历史教学的内容进行创新和重组，从更多的视角来分析和解释这些历史史实。

第三，历史教学要发挥学生的主观体验的作用，让学生能够在历史的学习过程中，掌握认识事物的能力和方法，让学生能够从历史的角度来认识现实问题和人生问题。要让学生养成用历史知识解决现实问题的能力，把历史与现实紧密联系起来。

总之，历史虽然具有客观存在的属性，但是人们对于历史的记录、分析和理解都需要从主观的角度出发。当人的观念发生变化时，人们对于历史的解释也会产生新的变化，并且在发展过程中将不断完善人们对于历史的认识。从这一点上，我们需要意识到，即使是过去人们所记录的历史史料，其中也有许多包含着虚构的成分。

（二）历史课程认识的发展

近代以来，世界上的发达国家一直引领着课程改革和发展的潮流，这一潮流呈现了"否定之否定"的螺旋式上升历程。先后出现了体现不同教育价值取向的课程，有学科中心课程、儿童中心课程、社会中心课程、学问中心课程和人本主义课程等。

18世纪，当工业革命在欧洲普遍开展之后，人们对于学校教育的课程形式进行了大刀阔斧的改革，形成了以学科为代表的课程体系。在整个工业大生产时代，欧洲先进的工业国家对于教育的认知，主要是为了传播科学与技术知识，让学生能够在学校就获取到成体系的知识与技能。因此，科学技术知识就是当时学校课程的全部，并且人们对于知识的理解也有一定的局限性。他们通常对学校传播的知识有着如下观点：即知识是客观存在的，也是绝对存在的，知识不是由人来创造，人在知识体系中只有发现知识的能力。在这种观点下，人们将知识当成一种客观存在的自然资源，而科学家、教育工作者都成为知识的发现者。在进行知识教育时，学校和教师只能照搬书本上的内容，从而否认了人的主观性，遏制了教师与学生的创造力。这种课程观对于历史这些社会哲学的学科有着很大的影响，无论是教师还是学生，都对历史教学的意义产生了怀疑。

20世纪初期，随着美国在世界的影响力不断提高，美国的实用主义思想也开始向全世界广泛传播。实用主义在教育领域的传播，使各国开始了对基础教育课程的改革，形成了以儿童为中心的课程改革思想，并且试图取代学科中心课程的地位。当时的中国在基础教育方面依然延续的是学科中心的课程建设思想，在历史课程中，学校依然是以历史这门学科为基础，向学生传播历史知识。

在各国的基础教育实践中，选择学科中心还是儿童中心的课程体系始终存在着争议。人们在对于学科中心课程的分析中，也对其产生的优势与不足进行了深入分析。具体观点见下表。

表1—2　学科中心课程优缺点对比

优点	缺点
根据学科所组织起来的教材，能够教人系统地掌握文化遗产	因为教材重视逻辑的系统性，进行学习时，容易由于偏重记忆而忽视理解
有条理地学习合乎逻辑的组织起来的教材，能够充分增长人的聪明才智	教学方法上偏重于知识方面的教学，常常轻视儿童社会性的发展和身心健康方面
把一定的知识和技能的基本要素有组织地传授和教导，是符合教育任务的	尽管学习了各种学科的大量教材，但不能说就有了解决社会现实问题的必要能力
这种课程受传统教育的长久支持，教师也对此习以为常	由于教育方法的划一，不能充分地按照每个人的能力和本质的差别进行教育
课程的构成比较单纯，容易进行评价	因为学科的类别多，对儿童们来说，很难将学习的成果进行综合和统一

从上表可见，人们近年对"传统"历史教育的批评，实际上是针对学科中心课程所存在的缺点而言。当对其优点进行分析会发现，恰好可以弥补现行历史专题课程的缺陷。目前大学的学科中心课程有着不可撼动的地位，其中原因恐怕即在此处。但是，中学历史课程是否需要继续坚持这类课程？我国课程专家在对世界近代以来代表各种课程流派研究的基础上，采取了扬长避短、兼容并蓄的做法。从而，现行的历史课程呈现了多样化的特征。

（三）历史教学与历史知识

历史教学与历史知识之间存在着紧密联系与区别。在德国的历史教学实践中，一些学者将历史教学的具体内容进行了如下阐述。

①从历史教学方法来看，学校和教师需要运用学生能够掌握的方法来指导学生接受历史知识。比如可以运用简单的、易于理解的历史故事来反映更深层次的历史规律。通过对历史方法的掌握，学生将会进一步提高自己的分析和理解能力。

②历史教学应注意将知识与历史的时间性、空间性联系起来，让学生能够将自己代入一定的时空背景下来解读历史信息。

③对于初中生来说，学校的历史教学应该结合学生的心理特征和理解能力来进行教学。加强对学生基础知识的传播，引导学生掌握在历史进程中，人类社会生存与发展的基本问题。例如，教师可以结合一个地区的客观物质环境，让学生探讨这些地区的人们如何解决生存中的基本问题等。

④在对高年级学生进行教学时，教师应该结合历史发展的规律和历史对于现实的意义等内容来进行课程内容设计。

⑤在历史教学中，教师可以根据教学的目标，主动创新课程内容。尽管青少年通常具有较强的求知欲望，但学生中间在兴趣和理解能力上也存在较大差别，在学习历史时，很容易因为课程过于枯燥而失去学习兴趣。面对这种情况，教师就需要对历史课程进行创新，增强教学内容和形式的趣味性，让学生能够主动地去学习历史知识。教师还可以用更多直观的方法来引导课堂教学，例如采用多媒体教学、实践教学、互动性教学等，使历史课堂更有成效。

⑥实践和体验在学生学习历史的过程中同样重要。教师应该结合本地在历史研究方面的成果，带领学生走出课堂，在社会环境中学习历史。其中最有效的方法是让学生走进历史博物馆，参观历史文物，听取相关专家对于历史的讲解。另外，在网络时代背景下，教师也可以引导学生通过上网的方式主动学习历史知识。

⑦历史课程的教学不应孤立进行，而是要与其他学科产生联系。其中历史与地理、哲学、文学等学科就可以产生更多互动。

历史知识一般划分为陈述性知识、解释性知识和程序性知识。据以上德国对历史教学七个方面的认识，我们试对三类历史知识的学习做如下判断。

第一，陈述性知识需要说明"是什么"的问题。也有的学习理论将这类知识再细分为事实性知识和概念性知识。在历史教学中，陈述性知识以直观、具体的面貌出现：一是需要引用史料证据；二是需要进行时空定位。在历史学习中，学生不仅应学会从材料中提取有效信息，还应具备收集材料、辨别材料和整理材料的基本能力。假若只会从教师或测试题目提供的材料中提取有效信息，那么实际上并没有掌握史料运用的全部能力。同时，历史上人类的所有活动离开特定的时间、空间范围，将失去考察其动态发展的标尺。

第二，解释性知识需要对"为什么"作出解答。要解决"为什么"这类问题，就需要运用史料、需要探求社会发展中各种复杂因素交织的因果关系，需要具体地、发展地、辩证地、全面地认识历史和社会的基本问题。

由此，历史教学应考虑结合学生的生活经历、人类生活的基本状态、时代的特征和乡土资源等，使学生架起历史与当今之间的桥梁，并适当建立各学科知识的链接，从而深入地理解历史。

第三，程序性知识主要是完成"怎么看"和"如何做"的任务。这不仅需要学生具有一定的基础知识，还需要有一定的分析问题、评价事物和解决问题的能力，更需要学生运用正确的情感、态度和价值观对历史事物作出相应的判断，并可扩展到对社会生活现状的判断。

（四）历史教育功能与价值定位

我们在初中开展历史教学中，需要明确历史教育的功能与价值，即要让教师和学生都能明确学习历史的意义和价值。在我国，历史教育的任务在于让学生掌握世界和我国历史发展的背景，形成历史分析的方法，从而为个人与社会的发展产生重要意义。

全球各国在历史教育的功能、价值的研究也形成了不同的研究成果，各国政府对于基础教育中的历史教学也有着不同的目标。从国家与社会发展的角度来看，让学生学习历史，能够让青少年一代形成对国家和民族历史文化的认同。从个人的角度来看，教育学界对于历史教育的意义则缺少更多的研究。在基础教育学校进行历史教学的过程中，不少学生对于历史课程缺少学习动力，有些学生认为历史课程十分枯燥，有些学生则认为历史比较难，在学习中需要大量的背诵才能取得好成绩。而在喜欢学习历史的学生中，每个人学习历史的动机各有不同。通常来说，对于历史感兴趣的学生更容易接受历史课程。不少学生对于历史人物和历史事件有着浓厚的兴趣，也有一些学生会在优秀教师的带领下进入了历史学习的世界。基础教育阶段的历史教育能够对学生未来的选择产生影响，有不少学生由于历史成绩优秀，并且对历史产生了浓厚的兴趣，在高等教育中选择了历史研究的相关专业。

对于人们学习历史的意义问题，不同的教师则会拥有不同的理解。这一点通常与国家和政府的教育政策有关，对于任何国家来说，历史课程都具有政治意义和文化意识形态的意义，它是国家提高公民素养的必要课程。因此，每个国家在发展初级历史教育时，都需要从本国角度出发，着重研究"教什么"和"怎样教"的问题。

据目前所见的各种观点，对于历史教育功能大致可以归结为以下三个方面。

第一，对个人而言，增进知识，增强证据意识，促进思考和认识发展；提高人文素养，帮助认识自我、认识人生，正确评价他人、尊重他人，培养健全人格；以史为鉴，联系现实，服务于今后个人的发展。

第二，对一个民族而言，增强民族意识，弘扬优良传统，进行爱国主义教育；经世致用，服务于社会和国家。

第三，对人类文明而言，传承历史，延续文明；尊重多元文化，培养全球意识；吸取前人的智慧与教训，造福人类。

第二章

核心素养下历史教师专业素质

第一节 历史教师教学内容的设定

初中历史教材的内容主要是教师结合国家提供的历史教材和自身的专业能力，在教学活动中设计形成的历史知识信息。初中历史教学通常需要在国家的指导下，形成一定的教学目标和课程标准，教师需要围绕国家的要求将教材的内容进行再加工，形成具体的课堂教学内容，从而将历史教育落实到实际教学活动当中。因此，教师在设计历史教学内容时，需要充分地研究教材和教学大纲，创新历史课程的教学内容，让学生对历史产生学习兴趣，提高学生的综合能力。教师在创新教学内容的过程中，需要改变过去的教学思想，充分吸收新的教学理念，创新教学的方式方法，使历史教学达到理想的效果。

问题与困惑

问题一：某位教师在处理《鸦片战争》一课教材内容时，把这节课设计为四个问题：

（1）中国为什么落后了？

（2）如何辩证地分析闭关锁国政策？

（3）如何评价林则徐、道光帝的禁烟运动？

（4）如何认识战争发生及失败的必然性？

教师计划以战争发生的直接目的与根本目的、直接原因与根本原因的分析为例，讲述现象与本质的辩证关系。以中国禁烟运动与战争发生之间的关系为例，说明必然性与偶然性之间的辩证关系。

问题二：某教师在设计七年级上册第10课《秦王扫六合》（人教版教材）的教学活动时，以让学生了解秦统一的意义，教学过程基本上是平铺直叙，教师一人唱主角，讲授秦统一的意义，未使用课文中"动脑筋"和"小游戏"活动。（动脑筋：秦王嬴政在用人方面有什么长处？这和他取得统一战争的胜利有什么关系？动脑筋：谈一谈，秦朝在我国历史上起了什么重要作用？小游戏：举行一个方言游戏会，用各地不同的方言朗读一段课文，然后再写一句话，用拼音写出你所说方言的读音，看看会有什么效果。通过这个活动，你将感受到秦始皇统一文字的重要意义。）

问题三：教师在讲授《大一统的汉朝》时，多位教师在课上，不顾学生在理解上可能会有困难，照抄照用教师教学用书在教法建议中补充的三则文言文材料。造成课堂教学效果不理想。

问题四：某位教师在讲授《第三次科技革命》。教师在评价科技革命的影响时，指出科技是一把双刃剑，并举例说明其产生的种种危害，而把科技革命的积极影响则简略了。

思考与对话

上述的案例充分说明了一些历史教师在设计教学内容时存在对历史教材理解不全面的问题，这导致了学生学习的内容过于片面。基于这些问题，教师应该从以下方面展开思考，纠正课堂教学中的不足：

第一，在初中历史课堂教学中，教师要改变单纯传播历史知识的观念，不应该一板一眼地进行教学，避免使学生对历史产生了畏难心理。在上述列举的案例中，问题一中教师所设计的教学内容就存在知识信息过于繁杂的情况，如果初中生要想掌握"鸦片战争"这一知识点，就需要学习很多的内容，从而陷入死记硬背的困境当中。这样的历史教学方式显然会造成学生学习知识的负担过重，没有对学生的能力进行训练。因此，教师在进行历史课堂教学设计时，应该处理好历史知识点的难易程度，并且侧重于历史分析能力的培养。

第二，要避免造成对教材内容理解不足的情况，教学的设计要符合历史教学的目标要求。在第二个案例中，教材要求结合"秦始皇统一六国"这一知识点，设计了一些游戏性的课堂教学活动，其本意是要提高课堂的趣味性，让学生对秦国统一天下的意义加强理解。但由于教师对这堂课的核心思想理解不到位，而是采取传统以教师讲解为主的教学方法，造成了教学过程中没有抓住课堂的主旨，没有发挥学生体验学习的效果。

第三，教师结合历史教材进行教学内容设计时，要根据课堂的实际情况，对教材的侧重点作出选择，并适当补充教学的内容。教师可以根据自己的教学经验，结合学生的兴趣点和理解能力，及时调整教学内容，有利于加强学生的吸收、理解能力，让教材活起来。但教师对于教学内容的创新设计，不能脱离教材中的核心内容，也不能脱离教学的实践。在第三个案例中，教师在讲解汉朝历史时，虽然对教学内容进行了补充，但补充的内容却与本堂课的内容缺少必要的联系。一是补充的教学内容无法帮助学生更好地对汉朝的历史意义作出评价和分析；而是教师补充的文言文内容难度较大，使学生理解起来较为困难，反而增加了课堂的难度。

第四，教师在教学内容的设计时，应该注重对学生进行正确价值观的引导，发挥历史课程的思政教育能力。在上述第四个案例中，教师要向学生讲解"第三次科技革命"的历史大事件，需要学生能够学习到科技革命发生的过程、主要的领域和对当代社会起到的推动作用等。课程的主旨是让学生认识到科学技术发展对社会进步产生的积极意义，让学生对科学产生兴趣。但在案例四中，教师在设计教学内容时，从科学技术产生的负面效果方面补充了教学内容，这显然偏离了本堂课的主旨。虽然科技造成的不良影响客观存在，但其带来的积极意义远远大于其消极作用，对于初中生来说，对学生进行正面的价值引导才是正确的方法。一味放大科技的负面作用，容易让学生对科技发展产生误解，给学生的思想价值观的形成造成不良影响。

综上所述，历史教师在进行教学内容的设计时，要处理好创新设计与教材内容的关系。教师既要围绕教材来教，也要跳出教材，对教学内容进行补充和创新，要利用好各类的教学资源，对教材进行再加工和再创造，从而设计出生动活泼的课堂教学内容。上述案例中出现的主要问题有很多，要么是教师只会照搬教材，使历史课堂过于枯燥，要么是教师在设计教学内容时偏离的教材的本意，使教学的有效性受到了影响，对学生产生了错误的引导，这些都不是科学的历史教学方法。

案例与场景

一堂意趣盎然的历史课

孙老师在执教北师大版新课程实验教科书七年级历史上册中的《思想的活跃与百家争鸣》一课时，打破常规，对教材内容作了创新性的设计。

课一开始，孙老师设计了一曲悠扬动听的古典音乐和反映春秋战国时代历史场景的录像画面，把学生一下子就带回了两千多年前的历史画面中，去感受"百家争鸣"产生的社会背景。然后设计学生分组学习，每个组的同学都可以围绕诸子的生平、思想、评价等方面，选择自己感兴趣的话题，把自己从报刊、杂志、图书甚至互联网上搜集的相关资料展示出来，与同学分享。在这里，课堂就不再是狭小的空间，历史教育也不再是封闭的系统。其间，孙老师还不失时机地设计了几个问题，诸如"百家争鸣出现的原因是什么？""假如你处在那个动乱的年代，你赞成哪个学派的主张？说明你的理由"等。学生的好奇心、探究心被激发出来，竞相参与，既阐发自己的观点、支持同组其他同学的观点，又反驳其他组的不同观点。

为了更加直观地展示学习成果，并发挥历史学科的教育功能，孙老师在课堂上还设计了学生演出的小品《老师与学生》。有五个学生出演，一个学生负责旁白，一个学生扮演扔纸屑者，依次出场的另外三个学生分别扮演倾向儒家、法家、道家的典型性教师。扮演儒家的说："己所不欲，勿施于人。你为什么要扔纸屑呢？"扮演法家的则说："你必须把纸屑捡起来，而且要接受严厉的处罚。"扮演道家的却说："小孩子，管他干什么，随他去吧。"此举活灵活现地将儒、法、道家的不同观点形象地展示出来，不仅通俗易懂，而且培养了学生学以致用的能力、归纳概括的能力以及语言表达的能力等，真可谓一举多得。

演完小品，孙老师又设计了"你比较喜欢哪一位老师的做法？为什么？"学生以小组为单位展开讨论，仁者见仁，智者见智，培养了学生的口头表达能力及知识的迁移能力。

课的最后，孙老师独具匠心地设计了"以小组为单位，写一份班级管理的建议书"的活动，活动主题是开放性的，体现了与学生的现实生活的接轨。

评析与感悟

在新时期课程改革的背景下，不少历史教师都无法改变传统的教学模式，对于课堂内容的创新缺少认识，也缺少进行创新的能力和经验。然而也有一些优秀教师通过大胆创新，从学生的兴趣和需求出发，围绕历史课程设计了许多精彩的教学活动。在上述案例中，教师就通过独具匠心的设计，让原本深奥的百家争鸣内容变得通俗易懂，十分适合初中生的学习和理解。结合这一成功案例，我们对历史课堂的内容创新提出以下见解：

（1）针对不同授课内容，设计不同活动，让历史课堂"活"起来

历史教师在设计教学内容时，虽然要符合国家所制定的课程标准，但也不能拘泥于教材中的内容。教师应该把握好教材中的主要知识点和教学主旨，结合教学的实际情况来进行大胆创新。教师可以在内容上对教材作出补充，从其他历史资料中选择有价值的部分，将其加工成对学生有用的教学内容。教师也可以结合教学内容在教学方法上作出创新，在课堂上可以设计一些互动性强、体验性强的学习活动，充分体现学生在历史课堂中的参与性。例如在上述案例中，教师就是结合诸子百家的核心内容，将其设计成可以引发学生思考的一些问题，让学生能够大胆地表述自己的观点，在课堂上也形成了学生"百家争鸣"的良好效果。另外，教师也结合实际的教学内容，为学生设计出可以参与扮演的情境，让学生用演绎的方法来进行理解和学习。除了案例中的一些做法外，教师在历史教学中可以采取的方法还有很多，例如开展文化氛围熏陶等，让历史学习打破课堂限制，在学生中间建立历史活动小组等，使学生能够主动地去探索历史知识。

（2）以课标为依据对历史教材进行整合和创新

教师的历史教学内容设计，要以课程标准为原则，将历史教材当做最主要的资源来进行。在坚持原则的前提下，教师可以在教学内容、形式和顺序上充分发挥自我的能动性，对历史课堂进行再创造、再整合，使课堂能够满足学生的成长需求。

初中历史课堂在教学课时上和内容深度上都是有限的，不要求初中生能够掌握系统化和深度化历史学术知识，而是要让学生掌握基本的历史内容，并通过历史的学习培养个人能力和思想价值观。教师要想把握历史教学的方向，提高创新能力，就需要对国家的新课程标准和教材内容进行深入研究。要抓住历史教材中的重点内容进行创新，按照课程标准育人目标和任务积极主动地开发新的课程内容。

上文列举的孙老师案例，就是抓住了历史教材中对于前秦诸子百家的知识点进行了课程创新。教师牢牢地把握住了这堂课的根本问题，就是诸子百家的主要思想是什么？这些思想对于中学生当前的生活会有怎样的影响等问题。教师还结合教材的内容进行了再创作，对教学的形式进行了大胆创新。他围绕着课程改革的要求，在教学中充分体现了学生中心的思想，让学生能够亲身参与课堂教学，用自己主动学习产生的观点在课堂中进行讨论。同时，教师从学生的兴趣出发，组织了一些学生愿意参与的游戏活动，让学生主动参与的热情充分激发了出来。这样，先秦诸子百家的思想精神就深深地刻入了学生的生活当

中，历史知识对于学生成长的现实生活产生了意义。许多优秀的历史教学案例都说明，初中历史教师在进行课堂教学改革时，都会主动地适应学生的心理特征来进行创新，主要的方法是跳出教材内容的限制，对各种教学资源进行整合与开发，使历史课堂变成学生愿意参与的课堂。同时，经过方法上的创新，教材中的重要信息以新的形式展现在学生的学习活动当中。

具体在设计教学时，可考虑到下列几个问题：①教材内容是不是必须达到教学目标，应删减或从略哪些学生已学过或已经认识的内容？哪些历史知识的素材不够充分，需要补充？②在校内外和互联网站上可利用哪些与教材内容关，系密切的课程资源？③本节课的教学重点、难点是什么？从学生的实际情况看怎样定位比较恰当准确，适合学生实际水平？④结合哪些内容进行过程与方法的教育？结合哪些内容培养学生积极的情感态度与价值观？采取怎样的教学策略达到学生的历史体验性学习？⑤在练习中如何处理好基本与提高的关系，为水平不同的学生提出不同的要求？⑥教师在再创历史教学结构的过程中，怎样梳理历史的来龙去脉和因果关系，使历史知识头绪清楚？⑦是"用教材教"还是"教教材"？这样教师以教材为基石，走出教材看教材，高屋建瓴，使新课程理念具体地落实到教材的运用中，同时让学生花最少的时间掌握最基础的、对终身学习最具有影响力的知识，获得最真实的体验，使教学过程不仅仅是历史知识的传授过程，也是学生掌握科学的历史学习方法、形成正确的历史意识的过程。

（3）教材内容处理必须坚持正确的舆论导向

历史教学具有思政教育和现实主义教育的意义，历史知识必须与社会现实及学生的现实生活融合起来。初中历史课程的新标准也要求历史课程具有实现立德树人的价值，要对学生进行正确的价值观指导。学生在自主学习历史课程的过程中，总会受到书籍和网络上的一些观点影响，从而对历史事件、历史观点产生错误的理解，这一点要引起广大历史教师的注意。教师要以唯物史观和爱国主义精神对学生进行引导和纠正，体现对学生成长负责，对社会发展负责的职业精神。教师在鼓励学生开展合作学习，讨论学习，积极发表观点的过程中，要能够及时作出总结和评价，要及时纠正学生的错误史观，使学生能够正确了解历史，正确运用历史分析的方法。

（4）教材内容生活化

历史课程具有很强的时空性，课程中的史料、史实都离今天的学生有着很遥远的时空距离，学生在学习这些历史知识过程中也面临着很大的隔阂，容易对历史产生误解。初中历史教材为了适应学生的理解能力，在编写方面虽然作出了许多生活化的处理，但依然只是固定在纸面上的东西。为了使历史知识贴近学生的生活，教师还需要在教学设计中，将教材的内容与学生的生活联系起来，将其加工成为学生愿意接受，便于理解的教学内容。

为此，教师可以将历史知识与国家的发展、社会现实和实际生活进行深入整合，帮助学生理解历史知识的现实意义。例如，教师可以根据历史教材中的知识点，为学生创设自主学习的情境，将历史知识与学生的生活结合起来，使他们用历史知识来分析现实中存在的问题。

（5）精心设计学习问题引导学生合作探究

在历史教学设计中，教师应该按照教材中的重点知识内容为学生设置若干具有引导性的问题，让学生能够带着疑问来进行整堂课的学习。设计问题引导是教师在进行导课设计中常用的一种方法，通过学生对于问题的思考和讨论，可以让学生将注意力转移到课程中来，并且产生解决这些问题的好奇心理。借助问题的引导，学生与教师之间的互动关系也更加紧密，师生之间更容易展开合作，共同分析历史课堂中的重点问题。例如，在教师进行诸子百家思想的教学时，通过问题的设置，让学生能够对于诸子百家的思想观点作出回答，很有效地启发了学生的主动探索意识，让学生更乐于在课堂上发表自己的观点。有了问题导向做基础，教师在深入开展历史知识教学时，就会得到学生的进一步支持。

我国在基础教育的课程改革中，一直强调学生在教学中的主动性，鼓励教师与学生建立一种合作探究的新型互动关系，让教师与学生，学生与同学之间都能产生交流与互动。为此，教师可以用提出导向性问题的方式，加强师生之间的互动关系。在问题的设计方面，教师需要从两个方面入手：一方面是注意问题的设计效果。历史课堂中提出的问题不在于知识点的深入，也不在于问题的多寡，而是要能够产生导向的作用，引起学生的注意，并让学生产生继续挖掘问题本质的积极性。因此，问题的设计应该具有以下特点，一是有一定的挑战性，让学生需要经过一定的探索才能找到答案；二是引起学生的思考，教师在提出问题后，能够引起学生的探索欲望，使他们的思维得以调动起来；三是问题具有开放性的答案，教师设计的问题，最好是那种没有固定答案的问题，可以引起观点的争鸣，这样学生就可以从各个角度来讨论、回答这些问题。另一个方面，问题的设计要与学生的实际情况联系起来。教师在设计合作探究的问题时，应考虑到这样的设计能否有助于提升学生学习的效果，如果产生更好的效果，那么问题的设计就是失败的，反而会浪费宝贵的课堂时间。另外，教师还需要关注的是合作探究的学习能否让学生产生兴趣，能够鼓励全体学生都参与进来，并需要考虑教师如何在这一过程中对学生作出正确的引导等关键问题。

（6）摸清学情，以学定教

初中历史教学不能照本宣科，更需要结合本校的学情来进行，最终达成以学定教的效果。课改标准和历史教材只能为教师的教学活动提供育人标准和基础的教学资料，在实际的教学工作中，教师必须关注本校的情况，了解学生的特点，找到学生在成长中存在的需求问题，才能创造出更有效的教学内容与方法。在加强核心素养教学的过程中，满足学生成长成才的需要是实现以学定教最主要问题。教师只有摸清了学情，才能将教材内容转化为历史课堂中可以落实的内容，从而促进学生历史素养的建构。

综上所述，历史教师教学内容的设计，与历史课程标准、历史教材内容和教师的教学能力有着很大的关系。在教学过程中，教师依然需要发挥自己的专业能力，体现教学内容设计的创造力。教师需要深入研究课标要求，加强对教材内容的解读，结合新的历史资料和本地学情的特点，对各类教学资源进行整合，实现教学内容的开发与应用；同时，要加强课堂教学方法的创新，发挥学生的参与性与主动性，用情境教学、合作探究的方式，努力提高初中历史课程的有效性。

第二节　历史教师教学策略相关知识

一、历史教学策略概念界定

教学策略是各级各类学校开展教学计划的重要依据，是学校为贯彻落实国家教育政策、课程标准的重要环节。但教育界对于教学策略的概念依然存在着较多的争议。主要观点有以下几种：①将教学策略当做学校为实现育人目标而制订的综合方案，包括教学内容、教学计划、教学方法、教学评价等。②将教学策略实施的主体看作是教师，主要是指教师在教学中制订的各种教学设计活动。③将教学策略看作是教学理念的实现，即学校以实际行动来实践某种教学观念。④将教学策略当做是教学实施的措施及方法，这些方法的制订需要围绕教学目标和学生的成长需要来进行。⑤将教学策略当成是一种教育理论来进行研究，最终形成知识成果，研究的对象包括教学内容、教学技术等问题。⑥将教学策略看成是实现教学目标的决策与执行过程，即学校和教师为了完成教学的目标，对教学活动与计划作出决策的过程。

以上的各种观点都从不同的角度来分析了教学策略所涉及的内容，这些观点虽然具有共同性，但也有明显的区别。共同点主要体现在教学策略都是为了达成既定的教学目标而产生的，其内容必然包括教学内容、计划、方法和课堂组织等必要环节。观点的区别主要体现在教学策略的侧重点各有不同，有些学者关注教学策略的综合性，有些则关注教学的顶层决策，有些则关心教学活动的实施与设计问题。目前，还有一些新的教学策略研究将其看作是一个动态或静态的过程，一些学者认为在教学策略制订中，要将教学内容当成是固定的内容，而将教学实施的方式当成是动态的过程。

历史课堂的教学策略与其他学科没有本质的区别，但也需要结合历史教育的特点来制订合适的策略。我们认为，历史教学的策略制订应该侧重于教学的资源、材料和方法的创新，策略要能够适应历史学科本身的特点和规律，重视教师在教学过程中与学生的互动性。为此，制订出情境教学的策略对于学生接受历史，对历史产生兴趣更加重要，这种策略能够拉近历史知识与学生的心理距离，使学生愿意主动地探索历史，并对其现实生活产生积极作用。

二、历史教学策略的主要特征与运用

教学策略与教学方法、教学资源、教学模式都有密切关系。历史教学策略的实质在于，对各种类型的教学方法、教学资源乃至教学模式进行合理的选择和优化，有针对性地提升教学质量。历史教学策略不仅是一种预定的设计，它还是一种在变动中形成的对决策结果的反映。

（一）历史教学策略的主要特征

1. 综合性

历史教学的策略制订要体现综合性，其中要重点关注教学内容、方法与育人的标准等多方面因素。教师在教学实践中，需要将这些因素进行系统性地整合，使教学策略的制订能够综合性的影响课堂效果。为了提高历史教学策略的综合性，教师需要从以下方面入手：一是充分整合影响历史教学的各方面因素，既要按照国家的教学标准来设计教学，也要考虑学校的具体情况，以学生的成长为标准设计教学策略。二是教学策略的应用不仅要考虑教师授课的问题，也要考虑学生如何学的问题。教师要能够在学生学习历史的过程中给以必要的指导，帮助他们掌握学习历史的方法。只有教学策略的综合性体现出来，教师才能从整体上把握历史课堂教学的效果。

2. 可操作性

教学策略的制订是要以整体策略指导教师的教学活动，因此可操作性是其必要条件。教师在制订策略时，必须按照总体的教学目标来制订教学计划、设计教学内容、创新教学方法，最后才能按照制订好的策略去执行实际的课堂教学。另外，教师在制订策略时，还需要按照以学生为中心的思想，用策略去指导学生的学习活动，要根据具体的学生，让学生提高学习历史的能力，使教学策略转化为学生的自主学习活动，提高历史课堂的教学质量。

3. 灵活性

教师在制订和执行教学策略时，不能照搬策略的内容进行教学，而是要体现策略的灵活性，同时能够结合教学的实际情况及时调整策略。在教学过程中，教师和学生所面临的教学情境都是会随时发生变化的，教师要能够及时抓住教学活动产生的变化，对学生进行因势利导，及时调整教学的策略与方法。一方面，教师在制订教学策略时，除了尊重课程标准和国家教材的内容外，还需要结合本校的教学条件及学生的实际接受能力来设计出适合本校教学情况的策略内容。另一方面，教师在执行教学活动时，要结合课堂的变化情况来调整策略，充分把握课堂中生成性的内容，使课堂教学更加灵活。

（二）历史教学策略的运用

科学合理的教学策略应该包含教师教的内容和学生学的内容，应该能够与教学实践紧密结合，在教学活动中检验策略的有效性，因此，教师应高度重视历史教学策略在实际教学中的应用。在历史课堂教学中，教师所制订的策略应该与教学的实际情况相结合，要加强情境教学的比重，让学生能够拉近与历史知识的距离，从而体现教学策略在实际应用中的灵活性。

历史教学策略的应用，可以包含已制订的教学策略和灵活多变的教学方法来构成。在应用过程中，教师应该抓住教学中出现的新问题和新变化，能够重点解决出现的新问题，调整既定的教学策略，带领学生进行反省与调整，从而创造出新的教学情境。在实际应用中，教学需要注意以下几点：一是在教学策略的应用过程中，应该牢牢把握教学的目标来进行，在策略进行灵活调整时，不能偏离历史教学的功能与价值。二是执行教学策略，需要教师能够合理利用各类教学资源，结合课堂的实际条件应用教学策略，实现理论与实践的融合。三是教学策略在应用时，要发挥学生的主动性，在教师的指导下鼓励学生按照策略思想来主动学习历史知识，培养学生探索、思考的能力。四是教师要在策略的应用过程中加强创新，要根据实际的变化积累新的经验，创造新的教学方法，体现教学策略的创新性和灵活性。

三、合作学习策略的有效实施

在以学生为主体的新课改模式下，学生的主动学习能力被充分释放出来，学生成为自己学习的主人，能够自主探索成长所需的新知识。为了激发学生的探索能力，提高学生的学习能力，学校可以更多采用合作学习的方法来培养学生，并为学生的合作学习创造良好的条件。合作学习的优点有以下几点：一是合作学习能够激发学生的自主探索能力，充分发挥学生的个人特长。在合作学习过程中，每名学生都可以发挥自己的优势，实现扬长避短、互相借鉴，最终带来学生整体学习能力的提高。二是合作学习能够强化师生与同学间的互动交流，建立新兴的课堂人际关系。学生不仅能够与教师进行交流，从而获得方法上的指导，也能与同学进行交流，提高社会交往能力，锻炼学生的合作能力，实现互相间知识信息的快速沟通。需要注意的一点是：学校在开展合作学习中，要将学习的策略、方法落到实处，避免产生形式化，影响课堂教学的效率。在历史课堂中开展合作学习，有助于学生能够主动探索历史知识，提高历史学习能力。

（一）合作学习要有明确目标

合作学习不是要让学生放松自我，而是要紧紧围绕学习的目标进行自主性的探索。在教学过程中，教师需要帮助学生明确学习的方向，使学生的自主探索与合作学习不会陷入盲目、混乱的困境，同时也可以进一步提高学生合作学习的效率。许多学校在开展合作学习过程中，往往变成了一种形式，不仅学生的能力没有得到锻炼，而且也严重影响的教学活动的效率，主要在于学校没有在目标上进行严格的把控。在历史教学中，教师也需要优先明确合作学习的目标，再组织好学生进行探索与合作，否则学生就会盲目地陷入乱学、乱说的境地。最终容易导致学生吸收了错误的历史观、掌握了错误的历史知识。

合作学习的目标需要明确，这是提高合作学习有效性的根本原则。教师在历史合作学习中，需要牢牢掌控的目标包括两个方面：一方面是历史知识学习的目标，即学生在合作学习过程中，必须要能够达成学习历史知识的目的，达到历史课程改革中的要求，实现教学目标与学习目标的统一。另一方面是学习能力提高的目标。教师要意识到开展学生的合作学习，就是为了培养学生的综合能力，让学生具备主动学习、终身学习的能力。另外，还要让学生在与他人的合作中锻炼交往能力，从而培养学生的团队意识、合作意识，提高社会适应力。在明确这两个目标的前提下，教师可以组织学生进行合作分组、自主探索、交流和分享学习心得，让学生能够结合自己的学习成果进行大胆地讨论和交流，使不同学生的观点得到充分表达。教师还要结合学习的目标为学生制订学习任务，让学生能够围绕任务去进行分工、协作，在完成任务的过程中达成主要的学习目标。

在初中历史中，有一节重要的课程就是让学生掌握北宋时期经济社会的发展。学习这一历史课程的重点资料就是观察和分析《清明上河图》这一画作，从绘画的细节中感受当时的社会生活场景，找出北宋时期城市发展的先进地位。《清明上河图》的细节极多、内容复杂，尤其是人物、场景等都需要学生进行仔细研究。因此，这节课的内容就十分适合组织学生开展合作学习。教师应该在进行分组学习以前，明确告诉学生们合作探究的目标与任务。其主要目标就是结合《清明上河图》中的人物和场景，了解北宋时期开封城市的商业发达情况和人们的日常生活。学习任务则主要包括以下内容：一是组织学生观察图画中形形色色的人物，从人物的动作、服饰等探索他们的生活状况；二是观察图画中的建筑、街区风貌，找到各类店铺的业务范围；三是找出图画中的商业贸易形式，了解北宋时期的商业特点。学生通过合作探究后，可以将自己的学习成果进行分享和交流，然后再以小组为单位，共同分享各自的学习成果。教师将学生合作学习的成果进行总结后，带领学生完成学习的目标和任务。

（二）合作学习要有适当示范、指导

在教师组织历史课程的合作学习过程中，除了确定好学习的目标以外，教师还需要对学生学习的过程进行适当的指导，确保学生不会浪费时间和精力，使学习活动顺利开展。学生的合作学习过程与学生个人的学习能力有着密切关系，在合作过程中，有的学生可以发挥自己的天赋，为合作学习作出更多贡献，有些学生则需要在别人的帮助下才能取得进步。因此，教师不仅要对学生的合作小组作出必要指导，还需要针对个别学生的状况进行针对性指导。

合作学习十分依赖学生的自主探索和学习能力，但对于初中生来说，他们的学习能力和生活经验十分有限，在学习历史的过程中，会时常出现力不从心的情况。这种情况下，教师通过亲身示范，对学生进行方法上的指导能够帮助学生克服困难，锻炼学习的能力。鉴于历史课程的特点和初中生的学习水平，教师的示范与指导可以从以下方面着手：一是教师用自己丰富的知识基础来指导学生，让学生在以往知识经验的基础上，形成对新知识的吸收和加工能力，从这个过程中找到学习历史知识的方法；二是可以用比较的方法，指导学生将新知识与学过的知识进行对比，从中挖掘出历史课程中的可遵循的规律；三是教师对学生的学习作出可以模仿的范式，让学生借助教师提供的方式，主动去探究新的知识内容。

观察《清明上河图》，需要有相关的背景知识基础。不止如此，图画所涉及的人物、商业种类、活动等内容繁多，如何进行观察，还需做必要的方法示范。依据上述合作学习任务，可选取《清明上河图》的局部作典型，通过方法示范让学生迁移、领悟。比如，可选取《清明上河图》中的虹桥部分，观察虹桥桥市上的商家、摊位经营活动，是北宋东水门外市井生活的直接体现。引导学生观察：①虹桥桥市上有哪些类型的人？他们可能属于哪些行业？②虹桥桥市上有哪些交通工具？他们的商业活动可能涉及哪些地区？在完成上述观察后，据此观察方法，再让学生观察沿河汴市、城内街市等，由此可归纳出北宋时期从事商业、服务性行业的人数之多，商业活动涉及地域之广。再如，可选取《清明上河图》中涉及商业活动的广告，让学生观察图中的广告有哪些类型？从中可归纳出的广告类型：天之美禄、赵太丞家、饮子、卦肆、酒旗、王家纸马等招牌；专治小儿科、专门接骨等小儿与骨科广告、灯箱广告、彩楼、欢门等装饰广告、叫卖等实物广告。依照此方法，再让学生观察图中的店铺类型。还可进一步地通过灯箱广告，引导学生觉察"夜市"的经营时间、经营品种，由此归纳出北宋商业贸易的繁荣。

（三）合作学习要有协商、探讨与建构

合作学习是学校体现以学为中心的教育思想的重要途径，是帮助学生进行知识建构的有效方法。在这个过程中，学生需要利用以往学过的知识，结合自身的实践体验来实现知

识的不断建构，达成学习能力的不断积累的效果。按照建构主义的思想，合作学习需要经过一个协商、探讨的过程，一是学生通过分工来完成知识的自我积累，使学生挖掘个人能力，提高学习水平；二是学生之间通过合作进行知识信息的交流、互动、分享，在这个过程中实现学生能力的共同提升。

学生之间进行的沟通与交流，是合作学习取得成功的关键，这种沟通不仅体现在知识信息的共享上，也表现为一种情感上的沟通。例如，学生之间进行合作，可以建立在友谊与互信的基础上，用学生之间共同的语言来进行交流。对于学生与教师的沟通，学生与学生之间能够产生更多信任，能够有更加放松的心情，也能在爱好、性格等方面找出许多共同点，这些都是稳固合作学习的基础。因此，学生之间的合作可以帮助他们发现更多问题，并按照学生自己的方式找出解决问题的方法。

《清明上河图》涉及的主题很多。如上所述，若要学生分组合作，观察某个主题后进行归纳，小组成员之间必须有协商与探讨。教师提出观察目标后，先挑选典型内容作出示范，让小组成员模仿、迁移，然后进行同类型或相近内容的观察、讨论与交流。此时，教师或在小组间巡回指导，或在旁边提示关键信息，尽可能让学生对讨论主题有内在的本质性交流。学生的发言很大程度上可能出于兴趣、生活常识或对讨论主题的某个侧面的了解，教师的作用在于适时地点拨、拓展学生的发言主题，纠正学生发言中的内容偏离，将学生发言的内容尽可能导向合作学习目标，并以此为"链接"锻炼学生思维，引发其思想的共鸣。比如，教师作出示范，引导学生观察图中的广告后，让学生分组观察、讨论图中的店铺。学生一般会根据已有知识或常识，指出图中的店铺有酒店、客店、药店、食品店、木器店、茶坊等。有的学生可根据酒店的招牌、出入酒店的人物穿戴，能分辨出酒店的规模与等级；有的学生可根据店铺里的人来人往，沿街店铺一家挨一家，得出北宋时期一般百姓能够上街消费了；还有的学生甚至可以根据茶坊里的摆设及街市的热闹程度，能够联想起《水浒传》中的"黑旋风"李逵、"浪子"燕青等看花灯的情景。教师此处能够作出的点拨：从"沿街店铺一家挨一家"可提示其商业经营场所的变化，与隋唐时期的"坊市"做对比；从李逵、燕青去看花灯可提示其商业经营的时间；从店铺的招牌提示其商业经营的手段与理念。如此，通过进一步引导学生对图中店铺的经营场所、经营时间、经营手段、经营理念等方面的探讨与协商，揭示北宋城市商业经济的繁荣，引发学生对探讨内容的深层理解与共鸣。

（四）合作学习要有评价

在合作学习完成后，教师要对学习的情况作出及时总结和评价，这样才有利于将合作的成果深入到学生的记忆当中，转化为他们未来学习的经验。学生在进行合作学习时，他们的思路将会得到充分开发，可以帮助学生从各个角度思考问题，其得到的成果也会有很多种。但学生也无法确认自己的方法或成果是否正确，是否有利于学生个人的成长。这时，教师就需要发挥评价者的功能，对学生的思路、做法作出纠正和引导，使学生得到自主学习的反馈信息。教师的评价主要来自两个方向，一是对过程的评价，主要评价学生的态度、方向和能力的提升等；二是对结果的评价，需要对学生合作学习的成果作出总结和归纳，对那些作出好成绩的合作小组作出鼓励。评价的主要对象是学生，评价的主体则是教师与学生。除了教师对学生作出总体评价外，学生之间也应该进行自我评价和相互评价。组内成员的评价与小组之间的评价也要同步进行。

在对合作学习进行评价时，教师除了把握好基本的学习目标之外，对学生的评价应该是多维度，只要有利于学生能力的成长，就可以得到积极的评价。在合作学习过程中，教师应该鼓励学生进行大胆创新，探索自己的学习方法，在有意见和疑问时，要让学生能够主动进行表达，同时也要从他人中间吸收意见。因此，教师在评价时不需要对学生进行约束，而是要以鼓励为主，让学生各方面的优秀素质都能发挥出来。教师可以从以下方面进行积极评价：一是在合作学习过程中，学生的沟通能力是否得到了提升，是否加强了学生之间的交流能力和语言表达能力；二是学生的学习态度是否端正，是否激发了学生的进取心；三是学生的创造力是否得到增强，对学生以创新精神进行的学习探索应该作出鼓励；四是学生的学习能力、思考能力是否得到提升，查看学生能够发现问题并提出解决问题的方法。

教师在组织学生进行《清明上河图》的合作学习时，教师的评价工作也要跟得上。在评价过程中，教师也可以对学生作出合适的指导与示范，能够帮助学生树立进一步探究的信心，对学生作出的正确探索给予鼓励。教师的评价也需要从多个维度进行，并且在不违背教学目标的前提下，多多作出积极性的评价，找出学生的优点，发挥学生的特长。例如，如果有学生态度端正、参与性积极，就可以对这方面作出正确鼓励。如果有些学生的成果显著，发现了许多新的问题，教师也需要进行积极性的评价。

无论教师从何种角度对学生作出评价，都要以鼓励学生继续推进合作学习为主旨，让学生能作出进一步的探究。例如在学生探究《清明上河图》这幅画作时，学生如果从图中的交通工具，贸易手段分析北宋时期的商贸互动状态，这就是一种正确的方向。教师可以按照学生的参与程度、观察的细致程度对学生作出评价。而对于从新的角度能够发现新问题的学生，教师更要作出积极评价，要给学生以正确的反馈，让他们能够沿着自己的思路作出新的探索。例如，在观察图画中的车、船、驴队等贸易形式时，有些学生就会思索当时人们的主要贸易物品是什么。从而提出新的问题，即北宋开封城的主要贸易商品有哪些。这些问题无法在图画中直接反映出来，需要学生展开大胆地想象，有些学生可能认为是粮食，有些学生可能认为是其他主要物资。教师在评价时则需要带领学生用更多的史料来加以证实。学生在对《清明上河图》作出观察探索时，也可以从多个角度发现问题，例如，从街上的店铺中找到北宋城市经济的多种形式，教师可以从北宋工商业发展与城市居民生活的情况来带领学生全面认识当时的社会发展状况。

总之，我们从《清明上河图》的案例中认识到了合作学习在历史教学中的重要作用。合作学习不仅可以让学生激发自己的探索能力，也能够让学生结合历史知识进行广泛交流，使学生在互相学习与合作中逐渐积累探索历史知识的经验，提高自主学习的能力。

第三节　历史教师教学的自我评价

要建立促进教师不断提高的评价体系，强调教师对自己教学行为的分析与反思，建立以教师自评为主，校长、教师、学生、家长共同参与的评价制度，使教师从多方面获得信息，不断提高教学水平。自我评价是教师反思教学、自我诊断和自我提高的一个过程。通过自我评价，教师可以从优点和缺陷两个方面辩证地分析教学方法及其效果，促进自身的教学改革和专业发展。

一、教师自我评价国内外研究现状

（一）国外自我评价的研究现状

教师进行自我评价，能够帮助教师不断对教学工作进行反思和经验积累，及时纠正教学中的错误，使教师的教学能力不断提高。在欧美国家发展教育的过程中，很早就将教师的自我评价当成考核教师的重要标准，与教师的职业发展进行了直接关联。英国从20世纪80年代开始就制定了一系列教师自我评价的政策，通过官方机构的监管，构建了教师评价体系，用评价工作督促教师队伍的建设。

英国的评价体系包括外部的评价与教师自我评价等内容，其中自我评价成为教师走向岗位并获得进步的重要环节。英国规定，教师需要在每个学年开始时都为自己制订发展目标，这些目标既要包含个人的能力成长，也要体现在教学的实际成效上，目标要比自己原有的经验、成果更进一步，使自己的工作增加成长性。教师在进行自我评价时，就是要以原先制订的目标为基准，考察自己有哪些工作没有到位，并最后作出总结，对教学工作的进展情况作出评价。

在美国，政府和基础学校在进行教学改革时，也对教师的评价作出了调整。除了官方对教师加强了评价之外，美国也十分强调教师要对自己的能力进行自我评价。美国学校一般会通过制度化、法制化的管理机制来促进教师形成自我评价的习惯，提高评价的能力。

教师会结合评价工作建立与自我发展和教师工作有关的档案资料。其中包括的各方面的评价信息，既有来自学生方面的反馈信息，也包括教师自己参与的职业成长活动信息，同时也包含教师在教学工作中的各项总结等。教师通过这种制度化的方式，使自我评价实现了科学化、常态化发展，能够帮助教师进行经验的积累，及时收集反馈信息，从而对教师业务能力的成长提供了很大的帮助。

（二）国内自我评价研究现状

在我国，随着新一轮基础教育课程改革的深入，在理论层面阐述教师自我评价的意义成为研究的热点。教师自我评价是促进教师专业发展的有效机制。教师专业发展的最高境界是自我更新，自我更新是一种积极的自我分析、自我评价、自我发展的过程，学校应开发操作性强的教师自评指标体系。在探讨教师自我评价指标体系时，构建了"教师自我评价指标体系"，要求教师从班级领导、课堂教学保障、课堂文化、学生参与和潜能开发及教育服务质量保证等五个方面进行自我评价。

从国内外研究现状看，自我评价已逐渐成为教师评价的组成部分。英美国家的教师自我评价从理论到实践，日趋成熟，得到教师的认同，对教学专业的发展、提高教师的积极性等发挥了重要作用。但我国目前关于中学教师的自我评价研究还处于起步阶段，目前主要停留在对国外经验的介绍、理论分析、方式探索阶段，对于教师专业指标体系的开发过于简单或过于繁琐，可操作性不强，教师对自我评价的意识淡薄。因此，目前我国关于教师自我评价的研究不论是理论上还实践上都跟不上教育发展的现状。

二、教师自我评价的探索

教师自我评价是教师在一定的教育理论指导下，依据一定的评价原则，对照评价标准，主动对自己的教育教学工作表现作出客观真实的评价。这是一个教师自我反思的过程，体现了教师发展性评价的理念。教师通过自我评价可以发现自身的优势与不足，及时弥补不足，挖掘自身潜力，从而有效地促进自己的专业发展。

（一）构建自我评价体系

1. 依据《中学教师专业标准（试行）》，自我评价自身的专业素养

根据《中学教师专业标准（试行）》，我们制订构建了中学历史教师专业素养基本要求，对教师素养提出了明确要求，设计了中学历史教师学科教学素养自我评价方案，供教师自我评价自身的专业素养，如表2－1所示。

表 2-1　中学历史教师专业素养基本要求

维度	领域	基本要求
历史学科专业素养	学科知识	(1) 理解所教学科的知识体系、基本思想与方法 (2) 掌握所教学科内容的基本知识、基本原理与技能 (3) 了解最新的史学研究动态和成果 (4) 了解所教学科与其他学科的联系 (5) 了解所教学科与社会实践的联系
	通识性知识	(6) 具有相应的自然科学和人文社会科学知识 (7) 了解中国教育大政方针和基本情况 (8) 具有相应的艺术欣赏与表现知识 (9) 具有适应教育内容、教学手段和方法的现代化的信息技术知识
历史学科专业教学能力	学教学设计	(1) 教材内容的分析能力 (2) 教学重点和难点的确定能力 (3) 学生特点和学习需要的分析能力 (4) 科学设计教学目标和教学计划 (5) 合理利用教学资源和方法设计教学过程 (6) 引导和帮助中学生设计个性化的学习计划
	教学实施	(7) 营造良好的学习环境与氛围，激发与保护中学生的学习兴趣 (8) 能有效培养学生"自主—合作—探究"学习 (9) 通过启发式、探究式、讨论式、参与式等多种方式，有效实施教学 (10) 有效调控教学过程 (11) 引发中学生独立思考和主动探究，发展学生创新能力 (12) 将现代教育技术手段渗透应用到教学中
	班级管理与教育活动	(13) 建立良好的师生关系，帮助中学生建立良好的同伴关系 (14) 注重结合学科教学进行育人活动 (15) 有效管理和开展班级活动 (16) 妥善应对突发事件
	教育教学评价	(17) 利用评价工具，掌握多元评价方法，多视角、全过程评价学生发展 (18) 引导学生进行自我评价 (19) 自我评价教育教学效果，及时调整和改进教育教学工作
	反思与发展	(20) 主动收集分析相关信息，不断进行反思，改进教育教学工作 (21) 针对教育教学工作中的现实需要与问题，进行探索和研究 (22) 制订专业发展规划，不断提高自身专业素质 (23) 每学期撰写教学论文或教学叙述，反思总结，提升自我

2. 借鉴国外研究成果，构建教师自我评价的激励机制

发达国家 20 世纪 80 年代关于教师的自我评价的研究已经非常全面和深入，取得了丰硕的研究成果，我们可以借鉴发达国家的研究成果，开展教师的自我评价。

美国教师自我评价 SSA 模式如表 2-2 所示，它将教师评价和学生学习进行整合，形成了有效的教学设计。它充分吸收了以往教师评价的优点，并针对其不足作出改进，提出了教师自评的 10 个维度，每个维度的评价包括四个方面的内容，即教师教学行为、教学对学生行为的影响、管理者对课堂观察的有效反馈和教师专业实践的发展。后三个维度是为了辅助教师自评而设计的，对于培养和提升教师的专业素养有重要作用。

表 2-2 美国教师自我评价 SSA 模式的内容

序号	维度	具体内容
维度一	创建组织、规则和程序	1. 合理组织安排座位； 2. 建立有效的课堂规则和程序； 3. 建立有效的计划来管理学生； 4. 以最少的时间来组织学生的课堂学习
维度二	建立积极的人际关系	1. 呈现举止来显示关心学生并尊重每个学生； 2. 了解学生并把他们的兴趣、愿望和知识背景融入课程； 3. 使具有不同学习风格和学习能力水平的学生体验到成功的喜悦； 4. 加强学生之间的互动，使学生愉快地交流学习经验； 5. 建立一个开放的与家长沟通的环境
维度三	促进学生参与和分享	1. 用不同的教学方式让学生参与思考并专心于学习； 2. 用各种各样的教学工具、策略来保持教学的新鲜性和学生学习的兴趣，并提高学生的分享意识
维度四	创设思考与学习氛围	1. 使用新颖的教学方法来拓展学生的思维； 2. 鼓励学生使用高级思维并突破严格的文本内容； 3. 运用有效的提问技巧； 4. 使用多种方法来培养学生的批判性思维和创造性表达； 5. 引导学生使用各种思考策略
维度五	引导学生为新的学习做准备	1. 选择与年级水平相适应的学习内容； 2. 把内容标准变成清晰的学习目标； 3. 提出能使学生深入思考的问题； 4. 向学生介绍关键概念、术语； 5. 鼓励学生建立个人学习计划并努力实现目标
维度六	呈现新的学习内容	1. 在设计课程内容时能将内容分成合理的单元； 2. 将多个来源的信息纳入课程，帮助学生获取新知识； 3. 能帮助学生通过做笔记、总结、组织图形、使用语言和非语言行为来理解重要信息

序号	维度	具体内容
维度七	深化学生的学习	1. 使用形成性评价来帮助学生评价自己的学习过程； 2. 帮助学生明确他们自己的观点并深化其对知识的理解； 3. 按能力水平、兴趣和学习风格分组，使学生的学习效果最大化； 4. 给学生提供机会，让他们通过研究、讨论和反思问题来记忆知识； 5. 按能力水平布置作业，让学生练习和巩固学习内容
维度八	指导应用所学知识	1. 指导学生进行有意义的知识迁移； 2. 鼓励学生参加可以激发兴趣的项目及活动，在活动中应用所学知识
维度九	帮助学生进行学习反思并积极鼓励学生	1. 赞赏学生获得的学习成就； 2. 向学生提供机会回顾学习过的内容； 3. 帮助学生反思自己的学习，找出不足，加以改进； 4. 创建一个运用元认知的反思环境； 5. 帮助学生回顾学习目标； 6. 与学生共同合作，设定未来的学习目标
维度十	其他职业表现	将教师划分为四个等级，即新手教师、发展中的教师、经验丰富的教师和专家教师。新手教师对自己的专业发展一般没有或只有简单的承诺，经验丰富教师会有明确的承诺，专家教师会有坚定的承诺。 1. 努力改善自己的课堂实践； 2. 设计专业发展计划并努力实现目标； 3. 寻找职业发展和持续学习的机会。

为了有效开展教师自我评价，美国中小学在评价实施之前开展了三项工作。首先，培训教师学习评价的维度、指标和准则，学习如何使用评价框架进行正式和非正式的观察并收集有效数据；其次，把教师作出的试评与其他管理者所做的试评进行比较，以此来确定评价的内在效度；最后，通过全员培训，提高教师的自我评价意识和能力，引导教师把有效教学策略运用到实际教学之中，提高教育教学质量。在培训教师时，学校领导要努力做到：一是营造一种促进教师学习和专业发展的氛围；二是提升教师的观察技能（如有效地使用录像进行课堂观察）；三是能够给教师提供有意义的反馈；四是及时组织观察前和观察后的讨论会议；五是通过多种评测方法确定对教师的最终评价；六是使用有目标的发展计划，促进教师专业的发展。在评价操作上，教师在自我观察后，采用两种方式分析结果。第一种是网上评价系统，教师根据自我观察，根据评价维度自行输入分数；第二种是教师在教学管理人员的帮助下，对观察表所有数据进行分析，得出分析结果。

美国教师自我评价 SSA 模式的使用促进了教师的专业发展，激发了教师的教学热情，提高了教学质量。我国的教师自评制度还不健全，可以借鉴美国等国家这方面的先进经验和做法。第一，完善我国的自我评价机制，一是建立教师自评和他评相结合的机制；二是完善教师自评的激励机制，鼓励教师采用多种形式的自评，反思自己的教学。第二，确定适当的自我评价内容。可借鉴美国自我评价的具体内容，并结合本校和学科的实际情况。第三，培养教师自我评价的意识和能力。学校要对教师进行自我评价的培训，明确自我评价的重要性。第四，运用多种自我评价的方法，如课堂观察、教学日记、电子档案袋等。第五，重视利用自我评价的结果。自我评价的结果是帮助教师分析问题，以便在以后的教学实践中改进。

（二）了解专家型教师的特征，规划职业生涯

专家型教师指：一是教师要成为专业人士，教育工作成为专业工作，这就要求教师要从传统的主要凭借教学经验的积累开展教育教学工作，转向主要依赖教育科学知识和教育教学的专业技能开展教育教学工作，从"教书匠"转变为"教育专业人士"，这是教师职业在质的层面上的转型；二是作为一名专业人士，不能够徒有虚名，而是要经过专业培训，提升自己的专业素质，成为在教育教学的某一方面（主要是学科教学或学术研究领域）有专长的教师，这是教师在专业范围内要达到成熟的一种表征，是教师专业在量的层面上的变化。通过这种变化，教师能根据自己的教学实践不断进行经验的总结和理性的分析，具备良好的判断和解决问题的能力，为提高教学效率和质量服务，同时也为教师自身的长远发展奠定基础。教师的专业成长经历了"新手→熟手→能手→高手"的过程，是从"成熟→成长→成名→成家"的过程。在这个成长过程中，教师要根据专家型教师的特征，进行自我比较，了解自己与专家型教师之间的差异，做好职业规划，明确自己的奋斗目标。

（三）选择适合自我评价的方法

1. 自我评价报告

各校和各科组可以根据本校、本学科的特点研制可操作的自我评价标准，指导老师评价，每学期撰写自我评价报告，对评价结果进行分析，并提出改进要求和计划，明确下一阶段的发展目标。

2. 录音或录像反馈

教师课后通过听自己的授课录音或看录像，从旁观者的角度来分析自己的教学，对比课堂教学评价量表，通过观察知道自己的哪些行为是符合期望的，哪些不符合规范，内容是否处理得当，是否充分调动了学生的积极性、体现了学生的主体地位等，这种直接的观察对提高教师的专业成长是非常有效的。

3. 同行的观察和交流

通过课例研讨的形式，同行观察，并现场交流。听讲时，可现场发课堂观察记录表，分任务做好观察记录。评课时，同行提出自己中肯的意见和建议，并将观察记录表提交给授课老师，便于教师自我评价。教师可借助评课、议课的意见和建议，及课堂观察记录资料进行自我评价，提高自己的教学质量。

总之，开展自我评价一定要让教师明确评价的目的、原则、指标等，要让老师知道必要的评价知识、评价方式和技能。教师通过自我评价对自身的发展方向和定位要有充分的认识，同时要借助外力分析存在的问题和解决问题的办法，教师不断地通过自我诊断、自我调整、自我激励最终达到自我提高，实现自我专业的发展，从而促进教育质量的提高。

第三章

初中历史教学中培养学生核心素养的路径

第一节　打造初中历史高效课堂

一、初中历史高效课堂构建探讨

众所周知，在初中阶段，历史是一门非常重要的学科。历史这门学科一直具有大量的时间、地点、人物、事件、定义等要求学生熟悉并背会的知识点。传统的教学方式，不容易集中学生的课堂注意力，不利于学生的知识获取。要想保证历史课堂的高效性，教师必须更新旧的教学观念，在课堂中运用多种多样的方式，让学生在愉快和谐的学习氛围中进行游戏，从而激发学生的学习兴趣，提高学生的历史水平。历史课堂教学的高效性是指教师通过历史课堂教学中运用多种多样的教学方式，从而使学生收获知识，提高学习能力，提升学生的情感态度，并培养学生树立良好的价值观。初中生在经历六年的小学基础教育之后，已经积累了一部分的知识储备，但是在历史的教育课堂中，仍然会出现注意力不集中等现象。而运用什么样的教学手段和教学方式，集中学生的课堂注意力，从而科学合理地构建历史高效教学课堂，仍是教师目前需要思考的重要问题。

（一）布置预习复习任务

引导学生进行预习是合理构建历史高效教学课堂的基础，也是历史教学中的重要环节。教师在教育教学中给学生布置预习任务，让学生在学习这节课之前提前进行了解与准备，有助于学生对知识的掌握和了解，从而提升学生的理解能力和知识点记忆能力。让学生提前寻找自己不懂的问题，锻炼了学生善于发现问题、深入探究的能力。在课后教师及时地给学生布置复习任务，有助于让学生课下进行自主学习，让学生对已学的知识进行温习，查漏补缺。自己在课上没有了解透的知识，可以通过复习进行自我分析和探讨，提高了课堂效率。例如，在教授《西汉的建立和"文景之治"》这课之前，教师结合课文内容给学生布置一张导学案，让学生结合课本对导学案的内容进行填空，并把自己认为重要的部分用笔进行勾画，在预习过程中有不懂的问题，要及时做好标记，课上向教师请教。这样就提高了课堂的授课效率，学生提前对知识进行了预习与了解。教师根据学生勾画的不懂的地方作为重点与难点进行讲解，有助于加深学生的记忆，锻炼了自主学习的能力，从而提高了教师授课的课堂效率，教师可以利用多余的时间对学生进行知识扩充。除此之外，教师在进行这节课的教授之后，给学生布置课下作业，让学生对所学知识进行复习，加深了学生对所学知识的记忆。

（二）增加课堂互动

新课程的改革要求教师在教育教学中要重视课堂间学生与教师的互动，要运用多种方式调动起学生的课堂兴趣。传统的"填鸭式"教学缺乏互动，忽略了教学中应该发展学生的思维能力和理解能力。枯燥乏味的课堂不利于高效教学课堂的构建，容易分散学生的注意力，使得课堂中出现交头接耳、走神等现象。因此教师在进行历史教学时，应该增强课堂互动，比如教师可以组织学生进行小组讨论和情景教学等。营造了和谐愉快的课堂氛围，让学生在轻松环境中学习新知识，提高了学生的学习效率，激发了学生的学习动力。例如，在教授《秦末农民大起义》这节课时，教师引导学生了解秦朝暴政的重要表现，并向学生提问，让学生思考秦末农民起义爆发的直接原因和根本原因。让学生结合课本，用自己的话分析出来，并鼓励学生踊跃回答。教师随机进行提问，让所有学生都积极投入到思考之中去，有助于锻炼学生的思维能力，材料概论能力和表达能力。此外，让学生积极踊跃地参加问题的回答，有助于集中学生的课堂注意力。教师让学生进行小组讨论秦末农民起义有两个阶段，分别是哪个阶段，让学生积极进行讨论与思考，有助于活跃课堂的学习气氛，从而提高学生的学习效率。

（三）课堂讲解重点难点

对教师而言，要想改变教师教学的质量，提高学生的学习能力，从而构建历史高效教学课堂，最重要的就是在课堂上进行重难点讲解。教师在历史的教学中，不仅有很多复杂难记忆的知识点，也有容易混淆的时间与地方，更有难以记忆难以分析的事件及其历史意义。因此教师在教学中应该结合学生总结历史教学的重难点进行着重讲解，可以结合课堂提问或者课下布置作业等，从而加深学生对知识的印象，帮助学生进行高效学习。学生在理解掌握了重难点知识点以后，历史水平就得到了大幅的提高，从而有助于历史高效率教学课堂的构建。例如，在教授《汉武帝巩固大一统王朝》这一课时，本节课中汉武帝巩固大一统的措施，是课程的重点，是需要学生熟悉掌握并背诵的。而"推恩令""罢黜百家、独尊儒术"是本节课需要学生理解的难点。教师在教学中，就应该结合其重点难点进行着重讲解。因为本节课授课对象是七年级学生，在知识的理解方面比较薄弱。教师可以将"推恩令"和"罢黜百家、独尊儒术"这个知识难点，运用风趣幽默的语言，以一则小故事方式帮助学生吸收与理解，从而提高课堂的教学效率。让学生在欢乐和谐的课堂中学习，有助于高效课堂的构建。

总之，随着新课改不断深入，高效课堂成为课堂改革的重要目标。历史高效课堂是目前历史教师面临的重要课题之一。高效教学课堂的构建要求历史教师在短暂的 40 分钟之内不仅让学生学到知识，也要让学生能够高效学习。因此无论是在课前还是授课中都要做好充足的准备，运用各种各样的方式，引导学生进行充分的学习与复习，鼓励学生融入课堂中，感受到课堂的活跃气氛，提高学生的学习能力，从而构建历史的高效课堂，锻炼学生的学习能力，提高学生的历史水平。

二、立足核心素养，优化初中历史课堂教学

华夏民族具有悠久的发展历史，其留存下来的史料和文物非常丰富，历史文化的积累十分丰厚，是华夏民族得以生存和发展的宝贵财富。因此，历史在我国具有不可磨灭的地位，历史课程也在基础教育、素质教育和人才培养中发挥了重要作用。在课程改革的背景下，基础教育体系中的历史课程教学，最关键的是加强核心素养教育。历史课程核心素养的关键在于将历史课程与国家立德树人的教育目标保持一致，让学生学好历史基础知识，提高学习能力，从历史中加强爱国主义教育和历史唯物主义的思想道德教育，实现学生综合素养的提高。随着我国社会主义精神文明建设和物质文明建设的持续深入，核心素养的养成已经成为当代青少年在成长中必备的基本素养。在培养初中生的过程中，我们需要结合这一年龄段学生的基本特点和学习能力出发，明确核心素养的基本内容，明确历史核心素养教学的功能和价值，从而提高历史课程的教学质量。教师要从学生的兴趣入手，让学生对历史学习产生极大的好奇心，从而帮助学生学习历史知识，掌握学习能力，养成符合时代发展的思想价值观，完成核心素养的建构。

历史课程是初中阶段重要课程之一，对于学生的历史认知、家国情怀方面都有着深刻的理解，因此中学的历史教育对学生来说非常重要。因此，中学历史教师需要合理安排课堂讲授的教学方法，提高教学质量，进而达到高效课堂教学的目的。高效课堂就是用最少的时间、人力和物力来达到理想的教学效果。按照新课程标准的有关要求，学生已经成了新课程教学改革的主要内容。课程是否真正有效，很大程度上取决于学生的主要表现。因此，为了有效地进行课堂教学，中学历史教师必须采用适当的教学方法，以此实现初中阶段历史高效课堂的建设。

（一）当前初中历史教学中存在的问题

1. 历史教师水平参差不齐

在多元文化交融发展的时代背景下，我国要想保持文明的底色，提高中华文化在国际舞台的竞争力，历史研究和历史教育十分关键。因此，在新时期的发展中，历史在国家的教育与文化战略中具有越来越重要的作用。但与此相对应的是，在基础教育领域，我国的历史教师的综合能力和教学水平无法满足核心素养教育的要求，历史在基础学校中依然没有引起足够重视。不少学校开展的历史课程也主要是让学生应付考试要求，教师的教学也主要从应试的角度出发，只让学生硬背一些考试用的知识点。在这种情况下，历史教学的作用没有体现出来，学生对于历史学习也缺少积极性。更重要的是，教师受到传统教学观念的影响，也无法提升教学水平，使教学工作只能去应对书本知识和考试功能。

2. 学生的主观能动性被忽视，学习兴趣不高

在传统的教学模式下，历史变成了一种只需要死记硬背的课程，学生只需要按照教师

所讲的内容进行熟记就可以应付考试。这样，学生对历史就无法产生学习兴趣，在学习过程中，学生的思维能力和应用能力根本无从锻炼，其核心素养教育的目标也就无法实现。如果不改变这种教育模式，教师也就无法围绕学生的自主成长来调整师生关系，改变课堂模式，学生的主体地位也无法得到体现。

3. 师生互动少，课堂活跃度低

在核心素养教育的模式下，历史课程应减少对知识的灌输，而是要形成启发式的教学，着重培养学生的思维能力、学习能力。但在改革的过程中，由于不少历史教师无法掌握正确的教学理念和方法，教师与学生的沟通能力较差，导致学生的主动性没有激发出来。如果师生的互动关系不能快速建立起来，学生的学习就会与教师的授课脱节，学生在学习历史过程中就会将思维放在别的地方，导致教师的教学无法在学生身上得到体现。因此，教师需要着重解决的是师生间的互动问题，需要更多创设学习情境，让学生能够参与到历史课堂中，使师生之间的沟通能够打通，让历史课堂变得更加活跃。为此，教师需要深入了解学生的需求，掌握初中生的爱好、特点和需求，从学生的角度来重新设计教学策略，改变传统的历史教学模式。

（二）基于核心素养的初中历史课程教学优化

1. 加强情景教学法的应用

初中历史课程的内容主要是世界历史和中国发展的历史内容，历史教材的内容主要是以重大事件和主要人物为主，让学生能够学习到基础的历史知识，掌握中国以及世界历史的发展脉络，学会历史分析与思考的方法等。教师在进行历史教学的过程中，如果不对教学的形式作出创新，就可能导致历史课变成知识点的讲解，让学生学习那些难记难学的历史知识，从而导致历史课程的难度较大、趣味性较低。不少学生因此会对历史课程失去学习兴趣，从而厌倦了历史课程，使历史教学受到影响。为了提高历史课堂的灵活性，教师需要多采用情境教学的方法，让学生能够获得亲身体验，拉近与历史知识的距离，从而让学生在参与中获得历史思考能力。例如，教师在讲解《洋务运动》时，可以结合当时的人物及事件，为学生设计出历史学习的表演剧本，让学生进行表演式的学习。学生可以分别扮演洋务运动时期的不同人物，如张之洞、李鸿章等，以他们的身份来发表观点，推动历史的发展。学生用模拟的形式来经历历史，更能够加强对历史事件的理解，从而找出洋务运动这一事件的成功与失败经验，对中国近代史的发展过程加强分析和理解能力。

2. 时空观念与史料的融合

我国初中历史课程的新标准要求初中学校在进行历史教学中要以时空观念来培养初中生的核心素养。历史的知识距离学生的现实生活有着非常遥远的时空距离，学生在理解这些历史知识时通常面临着时间与地域的隔阂，这是需要教师在教学中解决的问题。因此，教师在培养学生的历史核心素养时，应该重视以一定的时空观创新教学活动，将史料融汇在教学过程中。具体的方法包括，在时间概念上，教师需要帮助学生掌握历史发展的周期规律与螺旋上升规律，对各个历史时期划出可视化的时间顺序，让学生能够按照时代的发展掌握历史事件的发生发展情况及其对后世的影响。在空间概念上，教师要将历史事件发生的地点以地图的形式进行展示，让学生能够结合历史地图来学习历史，加深其在头脑中的印象。例如，从五代十国到两宋的历史中，教师可以结合年代发展的变化以及朝代地图的变迁，建立历史教学的框架；之后将历史事件与史料融合在课堂教学中，让学生掌握这一时期的历史信息。

3. 培养学生自主学习能力

培养学生的历史核心素养，最有效的手段就是让学生形成自主学习的能力，使学生可以结合自身的问题来进行探究式学习，进而补充自己的知识结构。学生的自主学习需要在教师的指导下来进行，从教师的教学中学会探索历史问题的基本方法。学生可以以教师为示范，充分吸收教师的方法与经验，再利用网络等先进的学习手段，从而主动地去寻找问题的答案。教师要与学生加强沟通，了解学生在历史学习中面临的问题，同时对学生的自主探究进行适当的指导。最好的办法是教师结合教学目标提出让学生自主探索的问题，给学生布置学习任务，让学生以自主学习或合作学习的方法来解决这些问题。在这个过程中，教师既可以结合同一个问题让不同的学习小组进行共同探索，最后再总结各个小组的学习成果；教师也可以为不同的学习小组布置不同的任务，最后通过知识信息的共享达到共同学习的效果。在培养学生自主学习能力上，教师需要注意以下几项内容：一是要加强师生之间与学生之间的互动与交流，实现信息共享与观点讨论；二是教师要在学生的自主学习实践中发挥指导和评价的作用，让学生的学习能够符合历史教学目标的要求；三是鼓励学生加强信息化学习手段的应用，发挥当代初中生愿意使用网络技术的优势，让网络媒体成为学生提高学习能力的主要工具。

（三）充分做好课前准备工作

高效的初中历史教学准备要求教师从被动历史知识教育过渡到学生主动学习的教学模式，以促进学生的积极发展。教师需要了解当前教学方式的利弊，优化教学内容，并且将学生的学习需求与初中历史教学目标进行相互结合。以此，在中学阶段创建一个高效的历史课堂。首先教师需要明确历史课程必须遵循的基本原则，以便科学地设定立体化教育目标，合理地设定课程目标。然后，教师便需要能够依据学生的发展现状来指导教学。在此前提下，教师应能够在课堂准备中结合学生的实际学习情况，以学生对知识的掌握为出发点，并针对每种情况进行适当的备课，以便所有学生都可以充分发挥才能。比如，教师可以在网络中找一些趣味性的历史短视频讲解，结合图像等内容让学生能够快速地进入到学习状态，让教师对学生的课程开展变得更加方便与高效，以此实现初中阶段高效历史课堂的建设。

（四）提高学生学习思维能力

对初中阶段的历史教师而言，学生在学习知识的时候，更需要能够让学生知道怎样去学习。所以初中历史教师需要在课程开展的过程中，加强对学生初中历史学习方式的指导，让学生能够在初中阶段有良好的认知能力。因此初中历史教师需要在课程开展的时候，加强与学生的交流，让学生敢于说出自己在学习中的问题，正确地引导学生进行质疑，让学生在质疑的过程中促进思维方式从片面到立体的转变，实现学生从被动到主动学习的转变。不仅能够让学生学习知识，还要让学生掌握学习的方法，促进学生良好学习习惯的养成。以学生的自主学习为基础，教师的有效引导为途径，实现对初中历史高效课堂的建设。例如，《从九一八事变到西安事变》这节课程内容教学时，教师可以采用思维导图的方式来对学生开展教学，通过对时间线或者事件的梳理，让学生对于整体的过程以及前因后果都进行有效的理解，这样能够让学生在学习的时候，更加具有条理性，以此形成框架式的学习。这样学生在课程中能够逐步地掌握学习的方法，逐步促进其学习思维的强化，引导学生形成良好的学习习惯，这是构建高效历史课程的必要过程。

（五）以情景化教学调动学生兴趣

初中阶段历史课程包含了很多趣味性的内容，教师在开展课程的时候需要能够注意到这些内容，结合相应的教学方式来为学生构建情景化的教学，以此激发出学生对于课程内容的学习兴趣，推动学生参与到初中历史课程中来。因此教师有必要深入到课程中去，对其中的知识点进行深入发掘，结合学生的学习需求来进行有效的情景构建，制定合理的教学方式，以此最大限度促进学生学习历史的积极性，实现学生自身学习能力的提升。所以教师需要能够将以往传统的教学模式进行突破，结合实际，大胆地进行创新，以此实现学生在当前阶段的有效学习与进步，推动初中历史的有效发展与提升。综上所述，教师需要能够在课程中及时地帮助学生在当前阶段进行有效的教学方式，以此促进学生在当前阶段的有效发展与进步，推动学生在当前阶段对于课程内容的理解，从而达成历史高效课堂的建设。受到传统教育模式影响，初中历史课堂教学中无法最大程度上培养出学生的核心素养，不仅影响学生学习成绩，而且不利于学生未来成长与发展。因此，在初中历史教学中，要更好地培养学生的核心素养，则要加强对情景教学法的应用力度，有效将时空观念与史料进行融合，培养学生自主学习能力，提升学生对历史背景及历史事件的感知。

三、初三阶段历史高效课堂构建策略探究

初三阶段课程不仅要求学生掌握新的知识，同时还要提高自身的复习策略。如何在教学和复习两者中达到完美的平衡是初三阶段所有学科面临的最大问题。而初中的历史学科，由于其年代久远，学生理解较少，知识点众多，学生的理解以及整合能力有限，导致教学效果不佳。教师在讲述初三历史内容时，这一阶段的历史多涉及世界史，很多学生对

中国古代史比较了解，但是世界史了解较少，所以教师应该适当进行拓展，激发学生的学习兴趣，活跃课堂的气氛；此外教师还应意识到世界史的发展和中国也有巨大的联系，所以在教学时教师还应注意知识的整合和迁移，提高学生的学习效率。最后教师还可以向学生讲述复习的策略，提高学生的学习效率，使学生能够从容面对中考。

（一）打破教材局限，适当进行拓展，激发学生兴趣

在进行知识教学的过程中，教材内容虽然重要，但过于死板且无趣。学生逐渐丧失了学习兴趣，教师还可以适当进行知识拓展。教师还可以提出相关的问题，鼓励学生进行思考，教师根据相关的问题情境，讲述知识，师生之间进行互动，拉近师生之间的距离，为接下来的教学创造便利，随后还应该注意鼓励学生进行发言，调动学生的学习兴趣。

（二）进行知识整合，实行横向对比，形成知识网络

在进行历史教学时，教师应该意识到历史内容相对较多，学生的理解能力十分有限，所以教师可以将历史知识进行整合，结合思维导图进行直观的体现。在思维导图构建的过程中，教师应该意识到，一般可以采取横向对比和纵向对比两种方式，世界史部分是涉及多个国家同时期发生的事件，所以在教学时教师可以实行横向对比，形成知识网络。例如，教师在讲述《"蒸汽时代"的到来》的相关内容时，教师可以首先询问学生蒸汽时代到来的标志是什么？和之前的生产方式有什么不同。教师还可以询问学生第一次工业革命对世界的影响是什么？教师通过设置历史问题进行引导教学，首先结合信息技术将历史知识进行纵向的对比，结合思维导图培养学生的直观想象能力。随后教师还可以让学生进行历史知识的横向对比，并以此为引子，进行相关国家制度以及社会形势的分析，比如这一时期英国发生了哪些事件，对英国的影响又是怎样的？其中法国、中国又在做什么？通过对不同国家和地区同时代的对比，使学生知晓国家之间的制度，随后教师还可以适当联系当下，讲述信息革命，使学生知晓所有的历史都是当代史，培养学生历史素养。

（三）制订复习计划，讲述知识重点，提高复习效率

在进行历史教学时，教师还应该意识到，初三阶段的学生不仅需要掌握相关的知识，还应该面对中考的压力，所以在教学时，教师还应该注意帮助学生制订相关的历史复习计划，讲述知识重点，还可以结合例题进行简单的分析，帮助学生进行知识的整合和题型的预测，为接下来的教学创造便利，提高学生的复习效率。例如，教师在讲述《第二次世界大战》的相关内容时，教师可以鼓励学生首先自主构建知识网络，随后向学生简述第二次世界大战爆发的原因、经过和结果。在这个过程中，教师还可以适当带领学生进行知识的复习，比如，在课前对学生之前的知识进行提问。将学生的学习情况进行层次的划分，随后在复习过程中结合地图进行教学，对学生进行直观的能力培养，培养学生识图能力，为接下来的教学创造便利。同时教师还可以制订相关的复习计划，向学生进行展示，学生根据自身的需要进行改进，师生之间进行交流，教师还可以结合中考题型进行讲述，培养学

生的解题能力，使学生做到有的放矢。

综上所述，在初三阶段历史学习中，教师首先应该以激发学生兴趣为前提，打破教材局限，将历史内容进行拓展，活跃课堂气氛。其次教师还可以构建知识网络，对不同国家和地区在同一时间的发展情况进行对比，通过比对教学提出问题，加强学生的理解能力，培养学生知识迁移和思辨能力；最后教师还应带领学生进行复习，讲述技巧制定计划，提高复习效率。

四、核心素养下初中历史生本课堂的构建

在以学生为主体的课程改革背景下，生本课堂的构建对于培养学生历史核心素养有着重要意义。生本课堂就是以学生为中心，按照学生成长所需，从提高学生的学习兴趣，提高学生的能力入手，对教学的内容与方法作出创新，进而构建出新型的基础教育课堂。在核心素养教学思想指导下，初中历史生本课堂的主要目标包括让学生掌握基本的历史知识，培养学生形成正确的价值观、历史观，让学生养成高度的爱国精神与道德情操，实现我国立德树人的根本思想。在课程改革中，教师需要从学生的需求出发，加强历史课程的创新，形成新型的生本课堂教学机制。

（一）生本课堂的意义

教师创新生本课堂的主要意义就是提高学生的主体地位，使历史课堂的开展能够围绕学生来进行，从而使学生的自主学习能力得到体现。在生本课堂中，教师与学生的关系、地位将会发生改变，教师从过去课堂上的控制者转变为学生自主学习的帮助者。教师的职责是帮助学生提高自主学习的能力，引导学生完成知识结构的建构。同时，学生将在课堂中转变为主人的身份，可以在教师的指导下，进行自主学习与合作学习，学生的思维能力、创新能力也将得到提高。学生在与教师的合作中，能够得到表达观点、展示能力的机会，他们在课堂上生成的教学资源将得到充分重视，成为重要的学习资源。对于历史课堂来说，创新生本课堂，可以让学生对历史产生兴趣，可以让学生主动地按照唯物史观来进行思考，从而让学生在历史课堂上得到知识、能力和道德素养的提升。

（二）核心素养下初中历史生本课堂的构建途径

1. 运用情境教学模式，提升学生的积极性

在过去的历史课堂中，无论是教师和学生都将历史课程当成是一个死记硬背的过程，学生只能通过教师的讲解来了解历史知识，只有按照正确答案记忆才能应付考试过程。然而在生本课堂创建的过程中，教师需要按照初中生的心理特点来开展教学，必须要让学生对历史课程产生兴趣，因此，情境教学成为关键途径。教师创设历史情境，就是要以核心素养为基础，打破历史的时空限制，将表演、体验、游戏、讨论等方法搬入课堂。或者让学生去扮演某些历史人物，按照他们的思想理念来模拟历史情境；或者让学生针对某一话

题进行讨论，让学生通过观点的争论来解读某些历史观点和历史大事件；或者是用体验的方法，将学生置入某些真实模拟的环境当中，让学生对历史知识产生感悟。例如，教师在讲解历史知识点时，教师就可以让学生亲自参与，模拟当时社会的环境，让学生围绕中国的两种命运来进行讨论，做到历史情境的再现。利用好情境教学的方法，能够让学生带入到历史经历者的身份，能够按照当时的客观环境来看待历史，从而使学生掌握更加准确的历史分析方法，提高学生的思辨能力、分析能力和表达能力。这些方法都有助于历史核心素养的培养，不仅使学生能够对历史知识进行主动探索，也可以使学生的综合学习能力得到锻炼。

2. 利用多媒体技术，提升学生的学习热情

随着科学技术的不断发展和应用，将互联网、多媒体技术运用到教学中已经是大势所趋。初中生对这种多媒体教学的兴趣更大，通过这种方式更能够吸引学生的学习兴趣。历史教师在进行教学时，可以通过视频、图片、歌曲等方式进行课堂教学，这样就能够降低学生学习历史知识的难度，让枯燥的历史知识变得更加形象生动，有利于学生的理解和吸收。

3. 分组合作，提高学生的学习效率

在进行初中历史教学时，教师可以让学生采用分组合作的形式来提升学生的参与度和学习效率。这样不仅能够提升学生的积极性，还能够培养学生的主观能动性，为学生学习历史知识奠定基础。教师在进行学生分组时也要根据学生的实际学习情况进行合理分配，让学生之间能够相互促进，分工合作。例如，在《三国鼎立》教学时，教师可以给各个小组分配任务，让小组根据课本内容和相关资料来查找魏、蜀、吴三国成立的经过以及主要相关人物的介绍。学生在相关资料查找的过程中，就能够帮助学生提升学习积极性，进而提高学生的自主学习能力，对学生成长起到积极的作用。

在核心素养背景下构建初中历史生本课堂，就是要求教师创新教学模式，以学生为教学的中心，培养学生的自主学习能力和学习的热情。教师在教学中，可以通过运用情景教学模式，利用多媒体技术、分组合作等途径进行历史课程的教学，同时也要根据学生的实际情况来进行教学方式的改革，帮助学生提高历史知识的学习质量，为提升学生的综合素质和文化素养保驾护航。

五、以创新教学策略构建高效课堂

在核心素养教育的背景下，初中历史课程的改革已势在必行，需要广大历史教师更新教学思想、理念和方法，从而制订出新的教学策略，围绕学生核心素养的发展构建高质量的课堂。在这种要求下，如何对历史教学策略进行创新就成为学校、教师共同关心的话题。我们可以结合国内外先进的做法，总结过去的经验，以创新思想探索课堂改革的主要

方向。为此，教师需要对历史课程产生以下认知：一是历史课程作为一类社会哲学类学科，除了具有大量的基础知识外，还需要学习者具有思维、理解和分析的能力，教师对初中生的教学也要从提高学生的能力入手。二是不少学生容易对历史课程丧失兴趣，从而缺乏学习历史的动力，不利于学生主体性的培养，因此教师的创新应该以提高学生的兴趣为前提，从学习环境和氛围入手，改善历史教学的面貌。三是历史课堂的创新需要围绕学生的需求而进行，要使创新教学与学生的成长相适应，让学生的学习与教师的教学活动保持同步发展。

（一）创新教学形式，激发学生学习兴趣

在传统的历史课教学模式中，通常是教师将主要的知识点讲给学生，让学生画起来课后进行背诵记忆。这种方式会使学生认为历史学科枯燥无味，再加上历史学科涉及的都是过去了很久的事情，导致学生不愿在历史学科上投入太多的精力去学习。针对这一问题教师可以为学生创设一个情境，将学生带入到情境中，让学生充分了解认知历史事件。例如，教师在讲解古代王朝的更替时可以使用多媒体为学生播放有关视频，先引出他们的学习兴趣，让他们对各个王朝之间的更替有一个大概的认识。然后教师可以为向学生提出："为什么会出现王朝更替这种现象？这种现象带来的结果是什么？"让学生带着这些问题去阅读课文，寻找出这些问题的答案。由此来激发学生学习历史的兴趣，提高他们的历史学习能力，掌握更多的历史知识，教师的教学水平也能够得到提升，高效课堂的建立会收获意外的效果。

（二）开展合作探究，促进学生思维发展

创建高效历史课堂还可以组织学生开展合作交流，通过小组讨论每个人对自己所认知的历史知识进行分享，让学生在交流中也能够体会到其他同学的不同理解认知，促进他们的再次思考，发散个人的思维。这种小组合作交流探究的教学方式也是一种创新性的教学模式，在交流中可以充分提高学生的历史学习能力。例如，教师在讲解英国光荣革命时，可以组织学生在课下收集相应的资料，课上让他们互相讨论交流。在讨论过程中他们对光荣革命的认识都会有进一步深刻的理解，互相取长补短，弥补自己寻找资料的不足，然后让他们自主发言去阐述个人对知识的理解。其他小组成员可以对另外小组成员的回答提出质疑或者进行补充，最后由教师进行总结性概括。学生对这一知识的学习会有更加深刻的印象，从而更好地掌握历史知识。

（三）传授记忆方法，总结归纳历史知识

由于课本中的历史知识点相对来说比较分散，教师可以对知识点进行总结，给学生列出大概的框架，让学生自己对知识进行整合，然后根据这个整体性的框架进行记忆会更加轻松。教师不仅要教给学生课本中的历史知识，还要教给学生合适轻松的学习方法。让学生在学习的过程中更加轻松，对历史学习的能力也能够有所增强。例如，教师在讲解儒

家、道家、法家、墨家的文化知识时，教师可以引导学生对这四家的知识进行总结，然后可以通过表格罗列出每个文化的不同点，让学生进行比较记忆。除了这些文化知识，学生也可以对三次工业革命进行总结。这种方法记忆时会更加轻松，而且能够进行比较记忆，不容易将知识点混淆，从而更好地掌握历史知识，提高历史学习能力。通过这样的方式，学生会体会到历史学习也存在一定的有趣之处。

（四）布置习题作业，实现知识迁移应用

教师在布置课后作业时可以提供一些历史材料，让学生通过对资料的分析去寻找出里面涉及的历史知识。这样不仅能够锻炼他们的思维能力，还能够让他们对历史知识有更加深刻的认识，更好地掌握和理解历史知识。例如，教师可以将容易记混的知识点放入一则材料中，让学生在分析材料时会犹豫一下到底折射出的知识点是什么。通过这个犹豫的时间，学生会在脑海中对这个这两个知识点进行再一次的比较，找出不同的地方，然后确定出真正的知识点。由此，学生对涉及的知识点有了巩固记忆，促进对知识的牢固掌握，同时可以增强教师的教学质量，促使高效课堂的建立有所成效。

总之，初中历史教学一定要改变以往传统的教学模式，采用相应的措施促进高效课堂的建立，也让学生在学习历史时能够感到更加有趣更加容易。同时学生的历史思维也能够得到发散，教师的教学水平会得到大幅度的提高，教学质量也能够有所进步。高效课堂的建立，对于历史学科的学习是一种切实可行的课堂教学方式，不仅能够高效完成教学任务，还能培养出学生学习历史的兴趣。

六、创造性运用教材打造高效课堂

近年来，教育改革对初中历史课程的影响很大。历史课程的教学不再是死板的老师讲学生听，而是更加注重互动性。根据新的教育教学理念，教材也进行了重新编写。如何创造性地运用初中历史新教材来打造出高效的历史新课堂，成了我们教师目前的首要教学目标。

（一）初中历史课堂教学中存在问题

1. 教学观念"应试化"

在过去很长一段时期内，初中与高中开展历史课程都是为了满足升学考试的需求。教师进行的历史教学都是为了应试而服务，着重培养的是学生的考试得分能力。教师在教学中主要是按照考试的重点内容进行讲解，学生也只能被动地学习历史知识，记忆考试的要点。在这种模式下，学生虽然能够学会一些历史知识，但学生的综合能力却无法得到培养，也无法将历史知识应用在自己的生活中。教师和学生都在历史应试化的教学中产生功利思想，偏离了历史核心素养教育的初衷。有不少学生不仅厌恶历史课程，而且考试成绩也受到了影响，历史教学没有达到立德树人的效果。

2. 教学方法"单一化"

过去的历史教学模式十分依赖于教师的个人能力，教师完全掌控了历史教学活动，而学生只是被动接受知识的对象。如果教师能力水平较强，能够在讲课中做到活泼生动，学生也愿意接受。但如果教师水平不高，就只能照本宣科，让学生硬背历史知识点以应付考试，学生的学习效果就会受到影响。这种单一的教学方法显然已不适应素质教育的要求，它既限制了学生在学习时的主动性，也使课堂教学缺少灵活性。

3. 教材内容解析"模式化"

初中历史课程中所涉及的历史知识通常不会过于深入，教学的内容也不会偏离教材过多，但如果教师不能对课堂教学进行创新，就容易使历史课堂过于模式化，导致教学的内容不够丰富。因此，要想提高初中历史课堂的核心素养教学能力，就需要教师发挥创造力和主动性，将固定化的教材内容进行再次加工，并对知识结构进行拓展，进而从多方面培养学生的综合素质。

（二）运用历史新教材打造高效历史新课堂的对策

1. 科学解析教材的重难点

历史知识都有内在的一些联系，在不同的表现形式下，其间蕴含着一些有联系的历史思想方法。教学中，应充分利用知识间的密切联系，在知识的相互转化、形成和发展的过程中凸显其历史作用。历史教材已经进行了重新编写。而作为教师的我们，应该提前对新教材进行精细的研读。仔细寻找知识点与知识点之间的联系，充分挖掘其中的重难点知识，再思考如何应用于课堂教学中。历史就像一条直线，每件历史事件的发生都必然能在同一条线上找到前因和后果，教师应对知识结合之前进行科学合理的解析。

2. 对新教材提供的史料进行科学合理的应用

想要打造高效的历史新课堂，不只要在课本教材上做文章，还要对史料进行科学合理的运用。初中的历史知识都较为基础，因为课本教材中的介绍都较为浅显简明，而想要真正实现高效课堂，就需要在掌握一定的史料的基础上进行课堂教学。这样不仅有助于学生了解真正的历史，还有利于学生阅读理解能力的培养和历史性思维的发展，帮助学生更好更快地解决历史学习中的问题。比如，在讲到文艺复兴时期时，首先可以让学生了解史料：当时的意大利处于城邦林立的状态，各城市都是一个独立或半独立的国家，即城邦，14世纪后各城市逐渐从共和制走向独裁。独裁者耽于享乐，信奉新柏拉图主义，希望摆脱束缚，大力保护艺术家对世俗生活的描绘；向学生介绍但丁及其著作《神曲》，但丁的这部著作中蕴含的观念影响到了彼特拉克，从而才有了彼特拉克在意大利首先发起的文艺复兴运动。对于关键时期的重点事件和代表人物的史料要重点向学生进行介绍。有了初步的了解，再进行对课本内容的深度剖析，结合但丁—彼特拉克—文艺复兴这样的因果关系，再引导学生展开对具体历史问题的分析和讨论。这样进行的课堂教学，既对课本内容进行了深度的解读和拓展，又使学生了解到了具体、丰富的史料。不仅拓展了视野，对于课堂效率的提升也有着很大的帮助。

3. 采用丰富多样的课堂教学方式

在新课改建设中，小组式学习正在逐渐推广普及。笔者是十分赞同这种学习方式的。就文科科目而言，小组学习的效率是远远大于自己学习的。此外，初中学习课程繁杂，课堂容量和课后作业量巨大，无形中给教师增添了很多负担和压力。同时，初中学生普遍存在学习水平参差不齐的现象，老师只能了解到大多数同学存在的普遍性问题。这样一来，就会造成进度超前的同学浪费宝贵的学习时间，进度落后的同学不能得到普遍问题的解答。而成立学习小组，极大地增多了学生与学生之间的互动交流学习，或多或少都可以解决一部分问题。再借助一些信息技术教学手段，一定能使课堂的互动性和学习氛围都更加活跃。例如，在学习第一次世界大战时，可以要求学生分组进行讨论，根据新教材的内容对于一战的原因起止时间、影响及战争结果等进行自主学习并加以总结，并通过多媒体工具向大家展现出来。再以小组为单位进行班级内的交流学习。这样的互动教学对课堂教学是十分有益的。我们应当抛弃单向传输的填鸭式教育和死气沉沉的课堂，秉持"学生才是课堂的主角"的观念，利用丰富多彩的教学手段，让课堂不再僵硬死板，让学生活跃起来，调动起学习积极性和课堂氛围，从而达到更好完成素质教育教学目标的目的。

综上所述，教师要从创新、多元、丰富的角度去认识新教材，将教育改革的新理念应用于实践教学之中，与学生一起打造出高效的历史课堂。

第二节　培养学生自主学习的能力

一、历史教学中学生自主学习能力培养探析

教师在教学中有意识地对学生的自主学习能力进行培养，能对历史课堂教学提供相当大的帮助，这不仅体现在自身的学习过程中，而且会直接反映在教师的课堂教学实践中，由此推动我国初中历史课堂的教学进步。而且自主学习能力的培养直接关乎课堂教学质量的评价标准，在新的教学环境下，更应重视学生自主学习能力的课堂锻炼。

随着新课标的持续推进，越来越多的历史教师在教学中对学生的自主学习能力更加重视。不仅要求学生能在学习中通过自身能力培养推动自身学习进程，而且希望学生能通过自主学习能力提高来形成自身的学习素质，从而在学习过程中形成历史学科特有的自主学习意识和学科素养。在初中历史课堂中提高学生自主学习能力能更加明显地作用于历史课堂的改革，可以实现历史课堂教学质量提升和教学设计优化。

（一）自主预习

初中段历史学习在课堂教学过程中为学生的自主学习提供良好的环境和机遇，因为可

以直接通过历史教师对学生布置的预习作业任务来实现学生的自主学习，而且结合教材和现有的教学辅助工具，就可以为学生完成初步的历史信息搜集，从而让历史课堂的预习作业完成得更加具有效率和提高学生参与度。因为学生在预习的过程中不仅会仔细地研究教材，而且还会根据教材中的内容，结合自身的思考，借助教辅工具的帮助，解决自己的疑难问题，从而通过这一系列的学习过程来直接实现自主学习能力的锻炼。例如在展开《鸦片战争》这一课时的教学课堂之前，历史教师就可以通过布置关于鸦片战争的预习作业来让学生提前预习相关知识，通过学生自己的资料搜集和观看相关纪录片来完成初步的学习工作，从而在预习阶段让学生深刻认识到鸦片战争中展开的国内外背景和历史影响。

（二）自主讨论

在历史学科的教学课堂中展开课堂讨论，是让学生通过这一模式完成自身学习能力提升的最佳方式之一，因为在讨论的过程中，不仅需要学生充分清楚地表达自我观点，而且还需要根据讨论话题来结合自身的思考。在头脑中构建系统的观点来阐述对讨论话题的看法，从而借此来锻炼学生历史思维的逻辑性和观点表达的熟练度。这种讨论形式也是实现学生自主学习能力培养的有效方法手段，在初中历史的课堂中十分受到历史教师的青睐，因而可以在实际应用中更加具有效果。一般历史课堂的自主讨论都是让学生表达对某一历史事件的具体看法。例如在学习《洋务运动》这一课的相关内容时，可以就洋务运动的失败来让学生讨论其中的原因，让学生结合当时的背景、发动阶级以及运动过程来讨论可能性的原因。

（三）小组合作

小组合作学习也是促进学生自主学习能力提升的有效手段，尤其是在初中历史阶段的课堂教学中，应用这一教学方法，更能将对学生自主学习能力提升的效果体现得淋漓尽致。首先，因为初中阶段的学生需要一个平台来表现和展示自我，而小组合作学习的方式为学生提供了一个良好的平台来展现学生能力。其次，小组合作的模式，让学生拥有更多的主导权来参与课堂的构建，因而可以更加充分地激发学生的学习自主性和创造性。助力于历史课堂的向前推进。最后，不依赖于教师的全面引导，给予学生更加自由的空间和环境来锻炼自身的自主学习能力。这也是小组合作学习模式的显著优势体现之一。比如，学习《唐朝的中外文化交流》这一课。历史教师就可以让学生结合这一课的内容来进行小组展示，将学生划分为不同的小组去分别搜集一些关于唐朝各个方面的文化，然后在课堂中进行集中的展示，从而在这一过程中鼓励学生去进行自主的合作学习。

（四）作业反思

在历史教学的过程中，对学生自主学习能力的培养，不仅需要在课堂中作出许多的教学努力，而且需要在课后的作业设计方面也涉及这一能力的有意培养，因为课后的作业练习是对学生学习能力最好的巩固方式，从而能将课堂学习过程中所掌握的知识进行更加牢固的夯实。而且通过作业的反思也能实现对学生自主学习能力的有效培育,让学生通过反思自己的作业完成情况来实现对自身课堂内容掌握程度的判断,从而能在课后进行更加全面的查漏补缺,这就可以让学生更好地实现在自主学习的过程中把握好学习的进度。

综上所述,在初中历史的课堂教学过程中,由教师带领学生培养其自身的学习能力。不仅是新课程标准下的具体要求,而且也是为了让学生养成终身学习习惯的有效方式。而且当时从具备良好的自主学习能力之后更能适应这个社会的需要,从而才能让学生的发展更加朝着满足社会需求的方向发展。除此之外,对学生自主学习能力的有意培育,也是实现初中历史课堂转型升级的必然要求,所以需要历史教师付出更多的努力。

二、初中历史教学中学生自主学习能力的培养

初中是学生从青涩走向成熟的重要过渡阶段,是学生从被动学习到主动学习的重要阶段。在此期间,积极培养学生的自主学习能力和思考能力,能促使学生从依赖走向独立,从懵懂走向成熟。所以,初中历史教师借助历史教学的特性来培养提高学生的自主学习能力。让学生拥有极强的自律和自控能力显得尤为重要,这样学生在学习历史时,才会主动探究历史关联,会理解性记忆而不是死记硬背。

教师要在初中历史课堂的改革中,高度重视学生自主学习能力的培养,学生从课堂中学习到的不仅是历史基础知识,也能得到学习、思考、创新能力的锻炼。学生在历史课堂中要占据主动地位,能够参与到教师所设计的教学活动当中,有条件结合自己的成长来提高综合能力。因此,在历史课堂创新中,教师应该围绕学生能力的培养问题进行深入探索,要综合历史学科的特点与学生的成长需求,将历史课程当成学生核心素养提升的重要渠道。为此,历史教师需要从以下几个方面来进行思考:一是深入分析历史课程的价值和意义,要让学生通过历史的学习培养思辨、分析和理解能力,从而促进学生综合能力的成长;二是激发学生的主动探索精神,让初中生的好奇心和创造力转化为自主学习的动力,使其为终身学习奠定良好基础;三是要注重历史与现实的联系,要让历史知识和历史能力指导学生的现实生活;四是加强环境教学的效果,要主动为学生创设学习的环境,通过学生与他们的互动、与社会环境的互动来培养综合能力。基于这些认识,教师应该从以下方面加强学生自主能力的培养。

(一)注重质疑,发展自主学习能力

初中历史教学中教材是知识的载体。也是对学生的阅读和思维能力培养的一种重要方式。为此,在初中历史教学中教师要注重引导学生学会质疑,与阅读内容对话的过程中真正地对文本内容进行理解。例如学习《林则徐虎门销烟》的相关知识内容时,学生通过对知识的学习,认识到鸦片是一种毒品,并在历史上给中国人民带来了无穷的灾难,能得出鸦片危害严重,并且强烈禁止鸦片的这样一个结论,而学生在学习过程中会产生一定的疑

惑，中国为何屡禁不止？这就需要教师通过这样的疑惑来设置问题，引导学生从各个方面来厘清其中的关系。

（二）结合实际，促进迁移能力培养

初中历史教学中如果学生仅仅是理解了其中的课堂内容是远远不够的，这就需要在教育教学中教师要能为学生营造一定的学习氛围。激发学生进行学习的兴趣，从不同的角度对历史问题进行思考分析和解决，从而达到对学生自主学习能力进行培养的目的。例如在学习《戊戌变法》的相关知识内容时，可以从谭嗣同的绝命诗着手来让学生理解戊戌变法为什么失败。这个问题引导学生分析当时变法失败的原因，一是没有实权的皇帝，选择投靠本身就是一种错误；二是变法当时没有得到广大人民群众的支持，这种现状也注定是失败的。然后引导学生分析为什么当时的戊戌变法没有得到广大人民群众的支持，因为在当时的戊戌变法中并没有解决人民群众最为关心的问题，也就是土地问题，也没有满足民族资产阶级所提出的反帝反侵略的奋斗目标，为此，戊戌变法并没有得到农民以及资产阶级的支持。再进一步地分析造成这一原因的主要原因，是因为戊戌变法它属于资产阶级性质，虽然具有一定的革命性，但本身与资产阶级却有着很大的联系，革命的不彻底，从而使得最终失败是毋庸置疑的。在这种环环相扣的问题中让学生全面地认识戊戌变法失败的原因，进而也能强化学生对信息的提取和对问题的解决能力。

（三）结合实践，促进自主学习能力培养

初中历史教学中要能认识到自主学习能力，其实也是学生知识获取的一种能力，让学生能将学习到的知识运用到实际，以此更好地提升教育教学效果。为此，在初中历史教学中教师可引导学生参与到实践中，可以通过小组合作的方式来完成简单的历史模型制作，或者是编制历史图表，让学生在参与的过程中充分地体现学生的主体地位，对学生的自主学习能力进行培养。例如在学习《原始的农耕生活》相关知识内容时，再给学生讲解了有关河姆渡人和半坡人居住的生活特点，可以以角色扮演的方式来制作当时的房屋模型，在这个情况下，让学生讲解当时的地理知识生活特点，最后得出相应的结论。并给学生分析当时的气候特点。在这个过程中让学生能认真地完成作品，以此对学生的表达能力进行培养，激发学生的学习兴趣，让学生更加积极主动地参与到教育教学中，以此对学生的自主学习能力进行培养。

（四）创设良好学习情境，激发学生学习兴趣

良好的学习环境和学习氛围可以有效激发出学生对历史学习的兴趣，能为初中历史教学良好开展实施提供保障基础。所以教师在开展历史教学的时候要注重为学生创设良好的学习情境，这样才能让学生对初中历史学习产生浓厚的热情。在历史教学中，涉及的知识内容非常多，从皇帝时代到如今社会主义时代，跨越了数千年的历史，历经王朝更迭，社会制度也不断发生改变，这都需要学生了解，并着重记忆一些重大的历史人物和事件。同

时，在初中历史教学中也不仅仅只有我国历史，还会有国外的历史，这更加重了学生的学习负担。所以，教师若采用一些单一传统的教学方法是不能让学生在短时间内全面理解透彻的。但若是教师能改革教育模式，为学生创设情境，让学生产生代入感，就可以强化学生的记忆。如在学习《中华民族的抗日战争》时，因为时代不同，现在学生没有切实经历过，单单靠教师口头讲述或是让学生看文字，学生都无法真实体会到抗日战争的艰辛与抗战时期人们所受的苦难。所以，教师就可在网络上搜寻一些经典的优秀影视资源。或是让学生观看国家目前现存的珍贵历史影像和文献资料，这样可以加深学生对抗战时期社会背景的了解。之后，教师在讲述这一部分知识时，就可在不同阶段中播放不同的音乐，利用不同的背景音乐为学生营造出一种悲壮萧索的氛围，调动、促使学生的情绪和心态随着教学发生改变，有利于培养学生的民族精神和社会责任感，让学生产生民族自豪感。

（五）实施合作探究模式，促进学生自主研讨

要培养学生的自主学习能力，教师就不能像往常一样程式化的开展教学，即将历史知识都详细地阐释清楚，不给学生自主思考学习的空间。教师要积极实施合作探究的教学模式，让学生之间能合作学习，共同交流探讨，这样学生才能在与同学的交流中不断反思探究，开阔思维和眼界。

（六）预留感悟空间，提升学生的自学能力

在开展历史教学时，初中历史教师不仅要讲述历史知识，还要教会学生思考的方法，让学生能自主思考。目前不少初中历史教师为了夯实学生的基础，就把教学时间安排得非常满，生怕浪费了课堂教学时间。教师再三强调学生要背诵记忆必考内容，教学内容也是依靠考纲要求进行选择的。在这种情况下，学生缺乏自主感悟的空间，自主学习能力就无法得到锻炼提升。所以教师要学会适当"留白"，即在讲述一个知识点后，要留给学生自主学习思考的时间，让学生能细细体会历史的魅力和价值。比如学习《解放战争》中，教师在讲述一些历史事件后，就要让学生自主思考。这样一来，学生就不仅能知道有哪一些重大的历史事件，还能对历史走向和历史事件发生的根本因素作出客观全面的分析，能够深入理解历史背景，彻底掌握历史知识。

综上所述，要充分发挥出初中历史教学的教育作用，教师就要为学生创设良好的学习情境，注重激发学生对历史学习的兴趣；还要积极实施合作探究模式，促进学生自主研讨；更要给学生留出足够的感悟空间，提升学生的自学能力，引导学生自主学习。初中历史教学中教材是知识的载体，也是对学生的阅读和思维能力培养的一种重要方式。为此，在初中历史教学中教师要注重引导学生学会质疑，与阅读内容对话的过程中真正地对文本内容进行理解。在教育教学中教师要能为学生营造一定的学习氛围。激发学生进行学习的兴趣，从不同的角度对历史问题进行思考分析和解决，从而达到对学生自主学习能力进行培养的目的。教师还要不断探索自主学习能力培养策略，以此更好地发挥历史学科作用，

促进学生综合素质的提升。

三、讨论教学与历史课堂的有效结合

为了提高学生的语言表达能力和思维能力，我们在历史课堂中应该多采取讨论教学的方法，给学生创造发表观点的机会。在历史课堂教学中，许多真理正是依靠人们的讨论与交流才能产生，而讨论教学能够让学生将自己的想法进行充分交流，不仅有助于促进学生理解历史知识，也有助于锻炼学生的学习能力，加强师生间与学生间的情感沟通，让学生在课堂中更有参与感。教师在与学生进行讨论时，也可以对学生进行正确的历史观引导，发挥历史课程树立正确思想价值观的作用。讨论式教学能够符合初中生愿意展现自我的心理特征，也可以改变历史课堂原有的氛围，让历史知识的传播从死记硬背变为观点表达，可以让学生将更多注意力集中在课堂上来，使他们能够围绕某一问题展开思考，并愿意表达自己的观点。

（一）营造宽松氛围

在组织讨论教学之前，教师需要在历史课堂上营造合适的氛围，让学生的注意力可以专注在课堂上，能够支持教师进行的讨论式教学。为此，教师需要分析历史学科的特点和历史课堂的性质来创新教学方式，为学生参与讨论课程做好准备。首先，历史是一门理论性、思辨性较强的学科，虽然知识点较多，但历史上也存在许多有争议的人物和事件，教师可以结合历史唯物主义的观点设置可以引起学生讨论点议题。其次，在组织讨论教学时，教师需要与学生建立良好的互动关系，教师的思考能力和语言表达能力要强，要让学生产生信任感，愿意与教师进行交流，否则无法带动学生的情绪。最后，教师要结合学生的兴趣和知识储备能力来设计讨论的话题，要鼓励大多数学生都能参与进来，让他们能够将自身的经验利用起来，进行思考和讨论。例如，教师在讲解秦朝统一这个知识点时，结合大一统王朝对于历史的贡献这一话题就可以展开讨论。教师可以从秦朝扩展开来，让学生充分讨论自己所了解的统一王朝，并探讨这些王朝对于历史发展的意义。学生可以结合自己的理解任意发表自己的看法，可以从各种角度讨论我国在国家统一道路上的历史进程。

（二）加深知识理解

初中历史课程的内容都是十分基础的，历史教材对于知识点有着明确的概括，但依然需要教师进行讲解，否则学生无法理解文字背后的含义，也无法形成思考历史问题的思路。教师教学的作用就是指导学生形成唯物主义的历史观，掌握分析历史学习的方法，并且能够将历史知识与现实进行结合，对学生的生活产生重要意义。为了使学生能够加深对历史知识的理解，教师应该采用讨论教学，使教师能够更好地向学生传播知识，调动学生的独立思考能力。例如，1840 年以后，由于中国封建王朝的落后和殖民国家的侵略，中国逐渐沦为半殖民地半封建社会。这是中国近代史中最重要的知识点，主要让学生能够理解"半殖民地半封建社会"这一重要概念，学生需要了解中国为什么没有完全沦为西方国家的殖民地，为什么依然保留着半封建社会的性质。要达到知识传播的目的，教师可以采用讨论教学的方法，让学生自主查询资料，了解中国和世界近代社会的历史背景，之后结合自己的理解充分展开讨论。学生可以从各种角度发表自己的观点，如政治、军事、文化、经济等方面，探讨中国社会性质形成的本质原因。学生通过讨论之后，就对这一知识点产生了一定程度的理解，尽管以初中生的理解能力来说，他们发表的观点不够全面、深入，但教师可以进行进一步的讲解。

（三）锻炼表达能力

开展讨论教学，对于学生锻炼语言表达能力有着显著的效果。在传统的课堂教学方法下，课堂中的主体是教师，主要是由教师向学生进行单向的知识传播，学生只能处于被动接受的地位。尽管一些教师会在课堂上进行提问，但也只有少数学生有回答问题的机会，这种单向提问的方式对于学生语言能力的锻炼不会有太多帮助。然而在当前社会中，表达能力也是学生综合素质的重要部分，需要学校在基础教育阶段进行培养，从而帮助学生奠定适应社会的基础。历史这门课程可以为学生提供锻炼语言表达能力的重要平台，教师可以运用讨论教学，让学生参与课堂，针对一些观点和问题进行充分交流，从而得到表达能力上的锻炼。在实际的教学实践中，教师可以用分组学习或个人学习的方式，针对某些历史知识为学生发布一些学习任务。在学生进行搜索资料、仔细思考后，可以形成自己的学习成果。教师可以在课堂上准备一段时间，让学生进行观点的讨论。有了充足的准备之后，学生更能流畅地组织语言，进行观点的表达，从而使自己的表达能力得到提升，并且在讨论中展示了自我风采，收获了自信心。

综上所述，在初中历史课堂中采取讨论教学的方法，符合历史课程改革的要求，能够充分体现学生的主体地位，让学生以参与、体验的方式学习历史。同时，讨论教学能够让历史课堂展现新的活力，使学生对历史产生更多兴趣。讨论式教学对学生能力的培养是十分全面的，既可以帮助学生理解课本中的重点知识，也可以让学生的思考、学习和表达能力得到充分锻炼，这就达到了以历史课程培养学生综合素养的基本要求。

四、小组合作形式下历史自主学习能力培养策略

正所谓"众人拾柴火焰高"。在初中历史教学中，意识到学生的自主学习能力固然很重要，但是在学生进行自主学习的同时，还应该注重学生之间的合作学习。如何将二者有效地结合起来，是教师和学生急需解决的一个问题。然而经过调查研究发现，部分中学教师对此并不重视。在初中历史课堂教学中，若想培养学生的自主学习能力，首先应该认识到在学生心目中教师是高高在上的"权威"，学生容易感到拘束、束手束脚。所以在授课

中，教师应当注意以学生为主体，鼓励学生之间进行交流，开展初中历史的小组合作学习。与此同时，在合作学习的过程中，加强对学生自主学习能力的培养。

（一）划分学习小组，开展小组合作学习

初中历史学习中要培养学生的学习习惯。提高学生学习效率，首先需要学生具备一定的自主学习能力。而在教学过程中，教师应该意识到不同层次的学生自主学习能力也有所不同。因此，教师在教学时应该遵从学生的差异性，根据学生能力划分学习小组，鼓励小组在教师的指导下，就相关知识点和问题进行合作学习、自主学习和探究，进而提高学生的整体学习效率。例如在讲述《汉武帝巩固大一统王朝》的相关内容时，教师可以提出三个不同层次的问题，不仅可以了解学生的历史基础，也便于调动学生的学习积极性，明确本节课的自主学习目标。对于基础知识较差的学生，教师可以让他们了解相关朝代以及汉武帝时期重要的历史事件。有一定基础的学生，结合相关地图、图片和材料，掌握汉武帝巩固大一统王朝的具体措施，培养学生的时空观念和史料实证意识。最后，历史知识基础较好的学生，思考汉武帝强化中央集权的措施有怎样的作用和影响。通过相关的问题。学生对自身的情况有直观的了解，自行为自己设立相应的学习目标。同时教师可以采用学生组内合作的方式，在学生有问题之后，学生之间相互帮助，解决相关的历史问题。对于不能直接解决的问题，教师再提供相应的资料，让学生自行查阅，小组探讨完成，进而提高自主学习能力。

（二）结合相关史料，鼓励学生探究，培养思辨能力

初中历史教学中，教师还应该意识到，培养学生思辨能力是初中段的重要内容，同时也是学生能否进行高效历史自主学习的保障。因此在进行相关教学时，教师应重点培养学生的思辨能力，让学生进行小组合作，结合相关的史料提取信息，落实历史解释的学科核心素养。既能让学生感受历史学习的魅力，又能提高学生的自主学习能力，为接下来的初中历史教学创造便利条件。例如讲述《三国鼎立》一课时，教师可向学生讲述相关知识，在学生对历史背景有一定的了解后，教师借助史料对相关人物进行评价。比如《三国志》中对诸葛亮的评价："治戎为长，奇谋为短，理干之才，优于将略。"由于初中阶段学生已经学习了一些文言文，教师可让学生尝试翻译相关文言文，同时还可以让小组学生互相帮助。学生在小组合作的形式下，共同解决相应的问题，提高历史自主学习能力的同时，也在一定程度上增进学生之间的友谊，营造积极参与的课堂氛围。此外，教师还可告知学生《三国演义》是一部文学作品，其中有许多历史错误，请大家依据相关的史料，对其中的错误进行纠正。通过相关的方法提高学生对知识的探究能力。比如学生经过探究得知，周瑜是病逝，草船借箭的不是诸葛亮。通过这种方式不但可以提高学生的自主学习能力，也在一定程度上培养学生正确历史观。

（三）结合历史事件，鼓励学生表达，活跃教学氛围

在进行初中阶段的历史教学时，教师应该注意到，若想提高学生的自主学习能力，课

堂交流是必不可少的。所以在课堂教学中，教师可以适当结合相关的事件，鼓励学生在课堂上进行语言表达，鼓励学生进行小组之间的头脑风暴和讨论。同时师生之间也应该积极进行交流，教师还可以适当结合辩论、圆桌会议等教学方式，开拓学生思维，提高学生自主学习能力。如讲述"安史之乱与唐朝灭亡"相关内容时，提出"安史之乱爆发的原因是什么"。学生结合课本和教师提供的相关史料，最终得出直接原因是唐玄宗与安禄山双方都错误地估计了对方的实力，根本原因是藩镇和中央之间的矛盾。随后教师还可以继续询问学生：那么有可能防止安史之乱的爆发吗？在这个过程中教师也可以给出相应的意见，为学生提供思考的方向，为学生能更好地进行历史学习创造条件。教师还可以在教学时结合相关地图，让学生对相应的地图进行讲解，学会从地图中获取信息，把握历史的纵向发展，提高学生自主学习能力的同时，培养学生空间观念。

综上所述，在初中历史教学中，若想让学生开展高效的自主学习，学生之间的合作和交流是十分必要的。教师需要根据学生的能力划分学习小组，鼓励小组合作学习。其次还可以结合相关史料，鼓励学生探究学习，锻炼历史思辨能力。最后在教学时要结合历史事件和历史人物，鼓励学生表达自己的观点，活跃课堂教学氛围，进而真正地提高初中学生的历史自主学习能力。

五、学生自主学习能力的多元化培养方法

在新时代背景下，国家和社会都需要培养出拥有综合能力的人才，传统课堂教学模式的改革势在必行。在传统的教学模式下，学生只能按部就班地跟随着教师进行学习，在课堂上得到的都是"死"的知识，无法获得综合能力的培养。在核心素养教育的背景下，学生要改变过去被动接受者的地位，使其自主学习能力得到释放，从而自己掌握学习的方法。教师在课程改革中，需要创新教学方法，用多元培养模式提高学生的自主学习能力。对于历史课程来说，教师需要改变过去带领学生硬背知识点的教学方式，要让学生自主产生对学习历史的兴趣和动力，使其掌握历史理解的方法。

（一）培养意义

在传统的认识中，师生对于历史课程的理解是知识点繁多、复杂，需要对这些知识点进行不断记忆才能取得好的效果。在这种教学方式下，教师成为课堂中的权威，学生学习历史的成效在很大程度上取决于教师的水平。学生在课堂中处于十分被动的地位，教师传授多少内容，他们就去消化多少内容，而不会去主动地思考历史课程中的问题，也不会自主地去提高自己的学习能力。因此，为了使核心素养教育成为历史课程的根本任务，教师就需要运用多种手段来培养学生的自主学习能力。其意义有以下几个方面：首先在于学生有着个体差异，在学习历史的过程中，必然会遇到许多困难，而这些困难未必是教师所关注的。因此，学生要想解决自己在学习中遇到的困难，就需要提高自己的学习能力，实现

个人成绩的提高，从而在学习上不再依赖教师。其次，学生自主能力的提升，可以进一步改变课堂的格局，让教师可以为学生提供更多的参与机会，使互动式教学成为历史课堂的主要方式。最后，培养学生的自主学习能力，不仅有助于初中实现育人的目标，也有助于实现学生的未来成长。拥有自主学习能力的学生，在未来的升学深造和适应社会过程中，更能主动地学习新知识，从而开创美好的发展前景。

（二）培养方法

培养学生自主学习能力经过众多教师兢兢业业地研究，有非常多的操作简单并且有效的办法。良好效果的形成并非一蹴而就，需要教育双方不断地实践与摸索，教师与学生共同努力。

1. 激发兴趣，培养自主学习能力

任何科目，一旦学生产生了浓厚的兴趣，学习的积极性和学习的效率就会增强，历史科目也不例外。任何年龄阶段的学生其实都对故事、人物传奇颇感兴趣。历史科目又是最好开展故事性教学的。历史教师可以利用学生这一特性用故事性教学激发学生的兴趣。比如学习文艺复兴这章节时，教师可以抛出《罗密欧与朱丽叶》这样一个中学生可能只是简单知道并不知道其细节的故事去吸引学生注意力，可能学生略有耳闻，并不能详其所有，但大大激发了他们的参与感和学习兴趣。故事完毕之后，教师紧接着指导：这是莎士比亚歌颂自由恋爱的绝美篇章，虽然是国外爱情故事，但中国人大多都知晓，可见其家喻户晓的程度。我们历史中有那么多歌颂爱情的诗文和故事，为什么这个故事会源远流长，影响如此之大呢？它的作者又是谁？他是在怎样的情况下写出这样表达人类至臻情感的故事的呢？之前是否也有这样的故事广为流传？用一个故事激发学生的兴趣，再用一系列问题调动学生的好奇心。学生通过一个故事为切入点去思考。不会感到吃力的同时，也提高学生的自主学习能力。除了故事性教学以外，对一些章节可以采取声像信息激发兴趣，从而培养学生的自主学习能力。比如在学习探索新航路这一章的内容的时候，教师可以在 PPT 上出示世界地图，然后出示指南针、罗盘等事物图，让学生思考这些东西有什么联系。打破传统的教学方法，让学生学会去独立思考，独立探索，对培养他们自主学习的能力非常有帮助。

2. "小教师"培养法调动学生自主学习能力

在学生心里，教师是神圣的。很多学生自小便树立成为一名优秀教师的志向。教师可以利用学生这一心理特性。让学生在课后自己翻阅资料准备自己所要教学的课程，其实学生在没有任何教师帮助的情况下，自己翻阅资料的过程，便是自主学习的过程。比如在关于第二次世界大战这一章节内容时，教师挑一名小教师课下进行准备，课上大胆放手让学生去做。把课堂完完全全交给学生，允许其他学生对小教师进行质疑和提问。经过这样一个训练过程，主动学习历史的积极性会得到很大的提高，学生的学习兴趣也会随之而来。

自主学习能力的培养是今后教育的一个重要方向，每一位教师责无旁贷。教师不能一味地让学生仅靠自己自主学习，这对习惯性依赖教师的学生来说无疑是非常困难的。教师要结合学生状况和特点而进行有效指导，以期帮助学生更好地学习历史，掌握自主学习能力，这对其他学科学习和今后的学习工作都将发挥积极作用。

第三节　培养学生建立远大理想

一、初中历史教学中如何渗透家国情怀教育

我国从古至今经历了太多的战争和磨难，但正是因为我国经历了那么多的困难，才成就了我们现在的世界地位，所以在学生们学习历史的时候，这些历史能够让他们感受到祖国的强大，能够让他们发自内心地为自己的祖国而自豪和骄傲，而且学生们在学习历史的过程中，还能够激发他们的爱国情怀。家国情怀是一种大到国家小到个人的民族观念，而且有国才有家这句话从来都不是无凭无据的。历史是培养学生家国情怀的重要学科，但是不知从何时起，初中历史在教学中仅限于教师传授给学生们知识，提升学生们的答题能力，而忽略了培养学生们家国情怀的任务。随着新课程的改革，我们渐渐地开始关注历史课程对学生们家国情怀的培养，毕竟家国情怀是历史学科的灵魂，所以下面的各种尝试都是为了把家国情怀融入历史的教学当中。

（一）撷诗引歌入课，唤醒家国情怀

我们现在所处的时代是中国从苦难走向繁荣的最好证明，但是在这些历程中出现了很多诗歌，这些诗歌唱出了我们历史中的艰辛和苦难，诗歌中的歌词和故事更能诠释我们这一路走得有多么艰辛，我们利用诗歌可以让学生们更加全面地去理解和记忆历史。历史这门学科的整个教学其实是很枯燥的，所以教师需要去培养学生们对历史的学习兴趣，让他们能够积极主动地对各种历史文化知识进行探讨，这样才能够让学生们对历史有清晰的了解，而且现在有大部分的学生甚至是家长都认为学习历史是没有任何用处的，所以从这方面来看，我们就可以看出学生们对历史的学习时间是很少的，所以教师在课堂上需要更加努力地去引导学生们对历史进行学习和理解，那么有趣的导入方式成为了历史教师的最优选择，因为一个好的导入课程的方式能够让学生们对这节课的学习效率事半功倍。

（二）牵手历史名人，渗透家国情怀

在我国悠久的历史长河中，我们记载了一串串史册的名字，有关心民生的屈原，有关心国家的霍去病，他们分别来自不同的时代，但是他们却在属于自己的时代舞台上纵横驰骋，在他们的身上我们看到了时代精神的光芒，但是在历史教材的简化下这些人物的形象不能够在课本中全部展现出来，所以教师可以根据历史的内容，然后运用多方面的方式来

使这些历史人物身上所具有的特点为学生们展示出来，让学生们身临其境，从而达到向学生们渗透家国情怀教育的目的。例如教师在为学生们讲解《辛亥革命》这章内容的时候，教师可以和同学们分享一下林觉民写给他妻子的一封情书，这封信中写了他为国捐躯的激情和对妻子的深情，他舍小家为大家的献身精神让我们动容，他顶天立地的家国情怀值得我们学习。在这封信中我们可以学习到他的生命虽然短暂，但是他爱国的心是永恒的。教师还可以利用我们现在时代的便利，把我们已经翻拍出来的历史事件，用视频或者是图片的方式给学生们放映出来，这样可以让学生们更好地去了解这些历史人物。在学习历史的过程中，教师从感情这方面出发，可以很好地让学生们了解历史，很容易让学生们养成追求真理的习惯，让学生们在走近历史名人的同时，丰富自己的文化知识和感情活动，在这样一种学习环境下，学生们的学习效果会事半功倍。

（三）弘扬乡土文化，提升家国情怀

学生们对身边最为熟悉的除了家人也就只有家乡了，他们对家乡的文化有着特殊的亲切感，能够让学生们产生学习兴趣，所以教师可以从家乡文化这方面入手，提升学生们的爱国情怀。教师还可以带领学生们去一些历史遗址，让学生们近距离地去了解历史，以此来激发学生们对国家的热爱。例如教师在教《中国民族资本主义的发展》这节课时，教师可以让同学们去看一些在这个时期比较有标志性的建筑物，从而引出张謇等一些名人，然后去看看这个名人的家乡都有什么特色，教师通过给学生们的讲解，能够从不同的角度提高学生对自己国家的使命和责任。

（四）找寻历史与现实的契合点，升华家国情怀

我们所说的家国情怀教育并不是简单的爱国教育，而是让学生们在学习历史的过程中，学习历史人物的精神，让学生们能够成为一个对民族有用之人，而且初中是学生们身心健康发展的重要阶段，在历史的教学中能够帮助学生们树立一个正确的爱国意识，培养他们正确的人生观念，因为我们出生在一个和平年代，所以我们没有办法去理解当时残酷无情的战争，更没有办法去深刻地体会英雄们为国牺牲的奉献精神，而且被历史所记载的人物，他们身上都有很多优秀的品质，所以学生们在学习历史的过程中，这些品质或多或少都会影响着学生们的人生观和价值观。历史之所以为称之为历史，是因为它们都已经过去，但是它们还和现实有着很大的联系，所以教师要把历史从冰冷的时间里提出来，只有把历史与现实融合，才能让历史发挥出它最大的特点。例如《钢铁长城》这章，里面讲解了中国从弱小到强大的变化历程，教师在讲这节课的时候，可以先让学生看两组照片，一组是当时社会下拍摄的照片，里面的人脸上写满了恐惧，另一组是几个阳光的中国孩子，正在被一群海军接回家。这两组照片中人物脸上所露出的表情形成了很明显的对比，让学生们很明显地感觉到了中国已经成了他们最坚强的后盾。

总之，家国情怀是一种很奇妙的精神食粮，它能够支撑着整个民族的兴衰，所以在初

中历史教学中，教师必须转变自己的教学观念，对教学方式进行创新，以此来培养学生们的爱国情怀。教师的职责是教书育人，但是有太多的教师只做到了教书，忽视了育人，所以在当今社会教师要从育人的角度去进行教学，把教材与课本相结合，引导学生们形成正确的三观。

二、历史教学中"家国情怀"核心素养研究

初中历史教学具有实现立德树人教育的重要使命。学生通过历史课程，不仅学到的是历史知识，更重要的是要了解我国的民族发展史，培养爱国主义情操。作为当代的青少年学生，每个人都有责任了解自己民族的悠久历史，形成家国情怀，这样才能成长为合格的社会主义事业的建设者。因此，历史教育就是要让学生能够从我国悠久的历史中吸收人文精神，实现思想、道德素养的全面发展。历史教学中的家国情怀主要包含以下内容：一是学习我国的历史知识，了解中华民族一脉相承的发展过程，把握历史发展的规律；二是继承和发扬优秀的传统文化，学习古代的思想文化，丰富自己的人文素养；三是了解我国近现代时期的民族屈辱史，中华儿女的抗争与革命史，使学生培养高度的爱国热情，建立为民族伟大复兴事业而奋斗的决心。

（一）新时期初中历史家国情怀教育现状分析

1. 初中历史家国情怀教育朝着健康方向发展

在新时代背景下，我国在加强社会主义核心价值观建设方面取得了长足进步，爱国主义教育成为全社会和各级各类学校都十分重视的问题。面对课程改革的新形势，我国在初中历史课程中进一步加强了爱国主义的主题教育。各学校在初中历史教学中，使历史内容进行了调整，教学形式得到创新，家国情怀教育有了丰富多彩的内容和形式，学生对历史产生的更多兴趣，对我们民族在各个历史时期的发展有了更多了解。在政府、社会与学校的推动下，历史课程也正在成为公民素质教育、爱国教育的重要途径，教学环境走向健康成熟。

2. 初中历史家国情怀教育开展存在一些问题

初中历史开展家国情怀教育的主要问题在于课堂的创新程度不足。尽管教师按照课程改革的要求，加强了爱国主义的内容和价值观的导向，但不少学校的历史课程教学方法依旧十分落后。不少教师使用旧有的模式进行授课，使学生在课堂上的主动性没有体现出来。由于课堂形式不够新颖，教学方法比较枯燥，学生对历史课程难以产生学习积极性，家国情怀教育也必然受到影响。

（二）在历史学科中培养"家国情怀"的方法

1. 合理利用素材

教师在历史教学时，应该注重对各类历史素材的整合开发，设计出内容丰富的爱国主

义教育主题，并以多样化的形式，组织学生参与到历史课堂当中。历史教师能够使用的最主要的素材就是历史教材，其中的内容都是初中生需要学习的重点知识，在家国情怀教育方面也具有较强的价值导向。教师可以结合教材中的课程，结合其他历史资料，对与爱国主义相关的历史事件进行设计，形成学生可以参与的重点教学活动。例如，在中国近代历史中，五四运动是需要重点研究的历史大事件，是值得纪念的重要爱国运动。这一事件对于当今中国青年学生群体和广大社会成员依然具有很强的教育意义。教师在讲解五四运动时，就需要深度结果家国情怀教育，设计出精彩的课堂教学活动。教师可以围绕课本中五四运动的内容，结合同一时代中国与世界的历史背景，将五四运动发生的原因和历史影响向学生讲解清楚。教师也可以采取互动式教学的方式，让学生能够围绕五四时期的历史话题开展讨论，进一步激发学生的爱国热情，让学生的学习与国家的命运紧密联系起来。

2．加强教师专业素质培训

历史教育的内容不仅需要围绕历史资料而开展，而且要围绕时代的发展而进行创新。随着教育事业的发展，教师也需要紧跟课程改革的步伐，不断提高自己的专业能力，提高自己的教学水平。教师群体也需要养成不断学习，不断成长的能力，使自己的知识储备能够超越教课书的内容，具有在历史课堂中拓展知识面、创新教学方法的专业素质。在进行家国情怀教育过程中，教师也可以将自己丰富的知识储备充分利用起来，并结合自己的经验和情感，为学生创造精彩的历史课程。例如，在讲解隋朝的统一与灭亡时，教师可以从多个角度入手进行教学。不仅要从正面看到隋朝统一结束了四百多年的分裂状态，也要从人民大众的视角看到隋朝暴政带来的苦难，让学生认识到隋朝二世而亡的本质原因。通过对封建王朝的分析，让学生联系现实，意识到当前社会的进步意义。

3．思想上加强宣传力度

初中历史的家国情怀教育主要是对学生进行思想价值观的导向作用，因此历史课堂可以成为一种思政宣传的阵地。主要的途径是在历史课程中引导学生形成唯物主义的历史观，认识历史发展的客观规律，从思想上意识到人类文明不断进步的根本动力。

4．通过情境创设渗透"家国情怀"

情境教学是开展初中历史教学的有效手段，也是教师进行家国情怀教育的重要方式。

开展情境教学，主要是教师找到某一个爱国主义教育的主题，结合各种历史资料为学生建立可以参与、体验和互动的学习场景，从而使学生可以在历史情境中感受良好的教育氛围，从而在情感与思想上形成对于历史的理解。情境教学的方式不拘一格，教师可以用多种手段创设历史情境，其中包括：利用多媒体技术让学生观看历史纪录片，让学生围绕影像资料结合历史教材产生思考；采取角色扮演等形式让学生进行体验式学习，让学生扮演某些历史人物，重新演绎人物所历经的历史事件，从而加强对历史人物和事件的理解；以讨论式教学的形式让学生对某一问题开展思考与讨论，使学生能够在课堂上充分表达自己的观点。例如，为了加强家国情怀教育，教师可以针对中国古代社会制度与古希腊的政治制度开展讨论，让学生可以在观点的争论中加强中国古代制度与西方古代制度差异的理解。当学生以国家的视野来思考问题时，他们的家国情怀也能得到充分锻炼。

总之，初中历史课程在学生的成长过程中承担的重要使命，实现爱国主义教育是初中历史课程的重要内容。教师也需要围绕家国情怀的主题设计教学内容，创设教学情境，对学生进行正确的思想价值观引导。学生学习历史的过程，也是接受爱国主义教育的过程。历史课程能够帮助学生认识到华夏文明五千年曲折的发展历程，产生为民族复兴事业的使命感，从而有助于学生成长为未来社会建设的合格人才。

三、培养家国情怀，树立远大的理想

"读史可以明智"，初中历史学科不仅蕴藏了无穷的智慧，而且孕育着深刻的家国情怀。历史教师可以从挖掘历史典型人物的育人功能、发挥历史题材影片的感染力量、实现历史第二课堂的情感升华三个方面来培养学生的家国情怀，使学生树立远大的理想与追求，为祖国的繁荣发展做好奋斗的准备。

家国情怀，表现为一个人对自己国家和人民的深情大爱，对国家富强和人民幸福的不断追求。它是一种无比高尚的情操，是一种对国家的高度认同感和归属感、责任感和使命感，是一种使国家民族纵然处于苦难境况但终能屹立不败的精神凝聚力。从古代"修身、齐家、治国、平天下"，到现今的伟大"中国梦"，家国情怀始终滋养着一代又一代的中华儿女。在教学中，培养学生的家国情怀，不仅有利于丰富学生的爱国主义情感，而且有利于提升学生的精神境界与思想素养。与其他学科相比，初中历史学科积累与沉淀了厚重的文化底蕴，就如同人类发展过程中的脚注与说明一样。因此，教师要立足于历史学科来培养学生的家国情怀。那么，初中历史教学中如何渗透家国情怀呢？

（一）挖掘历史典型人物的育人功能

人类创造了历史，任何历史事件都离不开人的参与，所以在学习历史时，要充分地结合历史人物，而且要深入发掘历史人物的育人功能，至为重要。历史人物在家国情怀教育中有着无可比拟的警示作用。因此，在众多的历史人物中，我们需要挖掘典型的历史人物，进行家国情怀教育。中国古代有"匈奴未灭，何以为家"的霍去病、"先天下之忧而忧，后天下之乐而乐"的范仲淹、"精忠报国"的岳飞、"位卑未敢忘忧国"的陆游、"人生自足谁无死，留取丹心照汗青"的文天祥等；近代有"拼将十万头颅血，须把乾坤力挽回"的秋瑾、"驱除鞑虏，恢复中华"的孙中山、"铁肩担道义，妙手著文章"的李大钊、"为革命而生，为革命而死"的方志敏、"生的伟大，死的光荣"的刘胡兰、"用血肉之躯，铺就我军胜利之路"的邱少云等；现代化建设时期有"贫油国"帽子摘除的铁人精神、"无私奉献"的雷锋精神、"赤子之心，毅然回国"的钱学森式的精神等。以上这些都是杰出的历史人物，众所周知。优秀的历史人物都具有公认的优秀品质，通过他们的历史故事对学生进行家国情怀教育具有天然的优势。

（二）发挥历史题材影片的感染力量

历史学科有一大特点，就是我们所讲授的知识都是过去已逝的事实。远离当下。传统的历史课堂中单纯由教师讲述很难拉近学生与历史之间的距离。在进行历史教学时，如果能够利用相关历史题材的电影和纪录片等片段，其中生动的故事情节、直观的场景画面、典型的人物塑造等，很容易引学生入胜，相对于教师的讲述，具有更强的感染力。在运用影片时，历史教师要善于与家国情怀教育结合起来，指导学生有目的地观看。例如，可以推荐学生课后观看电影《鸦片战争》和《林则徐》等，通过电影可以对林则徐有更加直观、深入地了解，进而认识到，我们现今和平美好的生活，是爱国先烈用鲜血换来的，要珍惜现在的生活，努力提升自己，报效国家。讲到《汉武帝的大一统》一课时，可以组织学生观看《大汉天子》。直观感受到汉武帝雄才大略、不拘一格降人才、纵横驰骋沙场的英雄形象。再如，学习到关于詹天佑的知识时，可以让学生观看纪录片大揭秘《铁路之父詹天佑》《詹天佑》《文化大百科—京张铁路》等，学生能更深刻地感受到詹天佑身上的精神品质、强烈的爱国情怀，从而有助于实现家国情怀教育的情感带人，推动学生家国情怀素养的养成。

（三）实现历史第二课堂的情感升华

"充分开发和利用历史课程资源，开展形式多样的历史课外实践活动"，第二课堂是初中历史课堂的有机延伸和拓展。教师巧借活动，让家国情怀的培养在学生饶有兴致的活动中得以实现与升华。教师可以开发一些系列主题的实践作业。热爱家乡系列："身边的历史""家乡的昨天、今天、明天""我家的照片，我们的故事"等活动，鼓励学生善于发现和捕捉家乡的历史遗迹、名胜古迹、古今变化等资源，学生行走其间，思考其中，点滴的记忆渐渐凝聚。聚焦科技史系列："品味古代书法，感受文字魅力""感受古代科技之光""走进古代书画家""中国古代货币的演变"。在科技的海洋中，增进学生对古代中国科技的认识和理解，提升民族自豪感和责任感。周年纪念系列："我们的长征""勿忘国耻纪念九一八"南京大屠杀国家公祭日，了解近代中国历史大事件，感悟革命精神，激发学生爱党、爱国、爱人民、珍惜幸福生活，振兴中华的家国情怀。趣味活动系列："勇闯九宫格，智力大挑战活动，将历史上的科技知识与历史趣味问答有效结合，拓宽学生的知识面，提高学生的综合素质。"篆动小手，情牵历史活动，通过雕刻不同的"篆字，体验古老的"雕版印刷术，在刻刀与浓墨的交响中，传播着古老的汉字与汉文化，在方寸中感受古老"技艺的魅力。在这些系列主题活动中，学生充分感受着历史的巨大魅力，激发了学生爱家、爱国的家国情怀为为祖国建设努力学习的热情。

总之，初中历史学科在对学生进行家国情怀教育的过程中具有独特的优势。家国情怀的培养是一个系统工程，需要我们教师在教学中不断地探索与实践，"路漫漫其修远兮，吾将上下而求索。

四、初中历史教学中培养家国情怀的路径探析

家国情怀是当代社会公平必须具备的基本素养，体现为对祖国未来命运的关心，对加强的热爱，对民族的认同，并且能够转化为实际行动，可以使人为了国家的发展、社会的进步而产生奋斗的热情。在新课程改革过程中，家国情怀也成为了初中历史课程的重要内容和标准。教师在教学过程中，有必要围绕家国情怀这一主题，进行深入的课程开发，加强历史观与爱国主义导向，使家国情怀教育对学生的成长带来重要影响。中国的历史进程中有关家国情怀的内容十分丰富，可以为教师的教学活动提供丰富的资料。在中国古代史中，有诸子百家的思想、优秀的历史人物、灿烂辉煌的历史文化、各个王朝的兴衰史与农民起义，这些都可以开发出丰富的家国情怀教育课程。在中国近现代史中，从鸦片战争到新民主主义革命的历程中，中国既遭受了被殖民、被侵略的历史屈辱，也涌现了许多爱国事件与爱国人物，这些都是教师进行家国情怀教育的主要素材。

家国情怀作为初中历史核心素养教学的重要组成部分，教师要注重在实践中提升学生的家国情怀素养。新课改强调历史教学的实用性，要使学生的历史技能提升的同时，让学生形成正确的价值观，并获得态度以及情感上的体验。因此在历史教学过程中，通过培养学生的家国情怀素养，可在一定程度上激发学生对国家的热爱之情，进一步增强学生的责任意识。这些教学目标的实现需要历史教师多在实践中挖掘培养学生家国情怀素养的教学方法，以更加有效的方式来提升学生的综合素养。

（一）多加讲解民族英雄和爱国事迹

教师在历史教学中进行家国情怀教育，不仅要从历史规律、历史大事件上让学生了解民族的发展史，也可以从个体事件和历史人物上来传播爱国思想。尤其是要对历史事件和民族英雄事迹进行开发，使其更符合初中生的兴趣与接受能力。在整体的历史长河中，具有爱国思想的英雄人物和事迹有很多，是教师可以开发利用的最好素材。通过对这些人物及事件的讲解，更容易从情感上让学生产生共鸣，使学生奠定爱国主义的情感基础。

家国情怀是一种情感上的动机，也是一种思想上的认识，从情感引导入手，能够帮助学习提高兴趣，产生更强的导向作用，最终学生也会将情感转化为思想与行动，从而实现家国情怀教育的目的。在历史课堂教学中，从历史人物出发，可以帮助学生更容易接受对历史大事件的理解，让学生通过分析历史人物来奠定爱国主义的思想情怀。例如，在历史中讲解辛亥革命是进行爱国教育的重要部分，教师在讲解这门课的过程中，可以将孙中山的经历与事迹讲给学生，带领学生认识到孙中山形成革命理想的过程。学生在接受教育时，自然会对孙中山产生更多了解，可以以革命家为榜样，建立爱国思想。又如，在讲解

古代儒家思想形成的过程中，教师可以结合孔子的人生轨迹来了解孔子思想产生的基础。教师可以将孔子在周游列国时经历的各种故事与学生进行分享，让学生通过认识孔子来了解儒家思想。

（二）借鉴启发作用，概括经验教训

初中历史教学的借鉴启发作用，是家国情怀素养的一个方面。所谓借鉴启发，就是历史事件和人物的某些方面，会给后人一种启发，从中吸取经验或教训作为借鉴。这是一种直接的家国情怀作用。我国古代有"以史为鉴"的传统。甚至把史书题为"资治通鉴"，就是体现历史教学的这种情感教育功能。例如，历史教科书通过各朝代的人民起义，得出"水能载舟，亦能覆舟"的教训；通过勾践和夫差的兴衰更替，得出卧薪尝胆、发愤图强的结论；通过官渡之战、赤壁之战、淝水之战等得出骄兵必败的规律；通过商纣和唐太宗对批评的不同态度，得出"忠言逆耳利于行"的经验……因此，用历史知识和经验丰富学生的思想，启发学生的认识水平，从历史中得到借鉴。"读史使人明智"是历史教学的一个培育家国情怀的功能，有时能发挥很大的作用。历史有时有惊人的相似之处，郭沫若的《甲申三百年祭》可以说是借鉴历史、启发后人的一部杰作。初中历史教科书记录了数千年人类社会发展的历程，其中涉及政治、经济、军事和文化等方面的内容。在教学中，应充分发挥借鉴启发作用，引导学生从生动、具体的史实中概括出相应的经验教训，成为学生自己的精神和思想财富。

（三）历史人物故事会有利于推动家国情怀的形成

初中三年是培养学生感性认识的重要时期，因此，历史教师可以利用每周两节课前的几分钟时间组织历史人物故事会。每节课安排一名学生介绍一位著名历史人物，人物的选定教师应悉心引导学生。例如，在教学《秦王扫六合》这节课之前，特意安排学生介绍了"路漫漫其修远兮，吾将上下而求索"的屈原。虽然史学界对屈原的真实性有争议，但这对渗透家国情怀的教育来说仍旧是个好素材。在教学"伐无道，诛暴秦"这课之前，安排学生讲述陈胜的故事，既是对教材人物的补充，也是渗透情怀教育的好材料。在《匈奴的兴起及与汉朝的和战》这节课之前，安排学生讲述了"匈奴未灭，何以家为"的霍去病。

在教学"辛亥革命"这课前，讲述"今生已矣。我死，愿中国之富强日进一日，庶几瞑目矣"的熊成基。就这样，书本上的人物和学生讲述的故事相呼应。为他们展示出众多历史伟大人物的人生价值取向，为学生树立了学习榜样。

（四）挖掘初中历史教材，培养家国情怀素养

初中历史学科与语文、数学、英语这些学科具有很大的不同，它有自己独特的特点，在培养学生爱国主义情感方面具有特殊作用。因此，在真正的历史课堂上，教师要深刻挖掘初中历史教材，在爱国主义的素材中逐渐培养学生的爱国主义精神，让学生对祖国有一定的敬畏之情。通过对相关爱国主义素材的搜集与整理，大致可以将此部分素材分为三个

部分。其中，为祖国的建设作出伟大奉献的事迹、为丰富人民的生活而不断创作的艺术家的事迹、为改革不断作出贡献的事迹，这些都可以归为显性的爱国主义素材。其次，为国家的建设默默奉献的劳动人民的事迹以及教育学家提出的思想等。这些都可以归纳为隐性的爱国主义素材。最后，相关的历史事件、历史视频或是历史文字等，这些都是中性的爱国主义素材。因此，在实际挖掘爱国主义素材时，教师要对相关的材料进行归纳总结。在此基础上，可以对显性资料实施具体的教学策略，对隐性资料可以不断挖掘，对于中性材料可以不断赋予情感。只有这样，才能对开展爱国主义情感培养具有一定的促进作用，才会在一定程度上培养学生的家国情怀素养。

（五）感受历史文化遗迹，激发爱国主义情感

俗话说，"读万卷书，不如行千里路"。这充分体现了实践对于历史学科学习的重要性。历史学科具有其特殊性，历史是总结过去所发生的事，而学生不可能参与过去的事。因此，在学习相关的历史知识时，由于缺乏历史的相关经验，在理解上很容易出现困难。当学生遇到理解难题时，带领学生参观相关的历史博物馆，来了解历史的来龙去脉，这是解决学习问题最佳的方法。参观历史的相关遗迹不仅可以在一定程度上帮助学生理解历史知识，在看待问题时也会有自己的见解，这对于培养学生的爱国情怀具有一定的促进作用。

例如。在学习有关文化文物时，山西孝义曾出土过大批的新石器。对于孝义这个具有悠久历史的城市，早在一万年以前，就已经有辛勤劳作的人民在这里生活。"三晋设县，孝义最早"，这无疑说明了孝义在我国历史上的重要地位。为了让学生了解这段历史，可以带领学生参观博物馆，来感受古代传统孝义、近代红色孝义、现代改革开放孝义和特色孝义。因此，爱国情怀的培养并不能只靠课本上的知识来实现，还需要真真正正走进博物馆，来感受历史遗迹带给我们的情感。

（六）运用现代教学设备，调动家国情怀情绪

在教学中运用现代教学设备是众多学科都开始运用的新型教学方法。如今，教学设备在互联网的推动下，涌现出了越来越多有利于调动学生学习积极性的教学设备，比如多媒体、微课、电子白板、手机客户端等。而对于培养学生的爱国情怀来说，如果可以运用以上的教学设备，那么学生就可以直观地感受历史带给自己的震撼，并可以感受历史带给自己的情感寄托。因此，在真正开始教学之前，教师可以运用现代教学设备来进行课件制作，从而使学生在观看图片、视频以及文字时，来感受爱国主义情感。例如，在学习有关抗日战争的历史内容时，如果单纯靠讲解来让学生感受那段历史的悲壮时，是无法通过语言来体会。如果教师利用多媒体为学生播放有关抗日战争的图片，比如南京大屠杀，充满血迹的尸体，无不让学生感受到那种震撼，对日军的侵略行为产生憎恨，从而可以让学生感受到如今和平生活的来之不易。当学生可以直观体会到那段历史所带给我们的情感

时，就会形成一种正确的价值观，从而在一定程度上调动学生的爱国情怀。

总之，历史承担了让学生体会过去事迹的责任。在学习过程中可以培养学生正确的价值观。对培养学生的爱国情怀来说，这是教学改革所赋予历史学科新的教学任务，是学生提升综合素养的关键。因此，历史教师要承担起这份教学责任，以激发学生的爱国情感为主要方向，从而在一定程度上培养学生的爱国情怀。对初中历史教学来说，积极实践并渗透家国情怀能够传递给学生更加准确的历史观，利于德育教育的全面实施和开展，更是响应了国家对核心主义价值观的追求。因此不仅需要教师自身业务能力提升，加强对家国情怀的解读，更要在实际教学工作中发挥教师职能，合理利用事迹提高家国情怀对学生的感染力。

五、依托历史人物弘扬家国情怀

面对历史核心素养的呼声日益高涨与课堂教学改革浪潮的扑面而来，作为一线历史教师，我开始重新审视和不断反思自己的历史课堂教学，立志要把历史课上出味道来，教出历史的深沉、宽厚与博大，尽情展现其宽阔、生动和精彩，发掘真善美的内涵……那么历史课堂教学将怎样践行核心素养。才能够真正上出历史本来的味道？本节从虎门销烟扬国威拳拳之心塑忠魂，没有临阵怕死的兵只有浴血战死的魂，同仇敌忾赴国难齐心共铸中华魂，海到无涯天作岸，山登绝顶我为峰等方面，浅谈依托历史人物，落实家国情怀。"历史是有生命的、活动的、进步的，而不是死的。"历史缺少具体生动的事实，缺少故事情节，学生何谈有感而发？为了加深学生的情感体验，打破了以往的教学常规，对教材进行了大胆的整合和取舍，以历史人物的活动为明线，以历史事件的发展为暗线，通过人物活化历史，激发学生的学习兴趣，从而达到了以微观构建宏观和帮助学生把握当时的时代特征，引发学生与历史人物的共情，直指"课魂"。基于上述考虑，最终确定了"以人物之德，塑造课堂之魂"的基调。

（一）虎门销烟扬国威，拳拳之心塑忠魂

历史消失的只是时间，永不消失的却是后人对千秋人事的缅怀。这个名字不会随着销烟而散去，它将永垂青史。1839 年，林则徐于广东禁烟时，派人明察暗访，强迫外国鸦片商贩交出鸦片，总计 110 多万千克，并将没收鸦片于 1839 年 6 月 3 日至 25 日在虎门销毁。虎门销烟使中英关系陷入极度紧张状态，成为第一次鸦片战争英国入侵中国的借口。虎门销烟，展示出中华民族无与伦比的伟大形象，是抗击外来侵略的胜利。销烟的正义行动，取得了广大人民的支持，虎门海滩每天都有上万人观看，人们无不拍手称快。外国人看到这情形，也对林则徐禁烟的果断表示钦佩。林则徐领导禁烟运动的胜利，是中国人民反侵略斗争史上第一个伟大胜利。这一壮举，严厉地打击了外国鸦片贩子，维护了中华民族的尊严和利益，增长了中国人民的志气，虎门销烟是我国近代史上反帝斗争中的光辉一页，但却成为英国发动鸦片战争的借口。

（二）没有临阵怕死的兵，只有浴血战死的魂

鲜血掩盖不住他的名字，虽近古稀之年，但壮心不已，为国杀敌，用血肉之躯向世人昭示：中华民族不可欺。道光二十二年（1842）四月初六日，英国侵略者以大小船只百余艘，陆军万余人，全力进攻吴淞要塞。67岁的老将陈化成挥旗发炮，与侵略军对击。在两江总督牛鉴主张议和的情况下，仍然抱着誓与阵地共存亡的信心和决心。陈化成带领亲兵数十人，坚定守卫孤立无援的西炮台阵地。他驰骋督战，炮兵缺处，则亲点火药，连开数十门。还坚持指挥抬枪队、鸟枪队，向登岸侵略军射击。登陆英军大队拥至，陈化成身上7处受伤，最终英勇牺牲。

（三）同仇敌忾赴国难，齐心共铸中华魂

正是司马迁所说的"述往事，思来者"。三元里是广州城北附近的一个小村庄，1841年5月，占据广州四方炮台的英军到三元里抢掠财物、强暴妇女，当地人民奋起反抗，打死数名英军。随后，三元里附近103个乡的群众包围了四方炮台，并诱敌至三元里牛栏岗。当时恰逢倾盆大雨，英军枪炮皆哑，手持刀、矛、锄头的民众乘势猛攻，人数越聚越多。英军增援部队到达后，才解救了被围困的英军。1841年5月31日，三元里人民再次包围四方炮台，英军惊恐万分，逼迫广州知府强行解散了抗英队伍。英军撤出虎门时发出告示，恫吓中国人民"后勿再犯"。中国人民当即发出《申谕英夷告示》警告英军"若敢再来不用官兵、不用国帑，自己出力，杀尽尔等猪狗，方消我各乡惨毒之害也"！三元里抗英斗争是近代史上中国人民第一次自发的大规模抵抗外国侵略的斗争，它对英国侵略者的沉重打击，极大地鼓舞了中国人民不畏强暴，敢于同西方列强拼搏的斗争勇气。它是近代中国人民反侵略斗争的第一面光辉旗帜。

（四）海到无涯天作岸，山登绝顶我为峰

由此可见，教师通过创设历史人物情景，让学生和历史人物之间对话，建立历史人物与学生之间的情感联系，从而引发学生与历史人物的共情，从而产生了家国一体、乡土观念、民族自强、精忠报国、责任担当、以天下为己任等的情感体验，这就是中华传统文化主流价值观"至善""大仁""厚德"的具体体现。在此基础上，教师引出本课的核心问题即鸦片战争中国为什么会战败？随即学生展开了热烈的讨论，教室里立刻充满了前所未有的勃勃生机和活力，大家打开情感的闸门，让激情一泻千里，滔滔不绝。历史课堂教学的重要任务就是踏踏实实地践行核心素养，落实家国情怀，培育和教化每一个公民对其国家、其历史、其祖先、其民族具有认同感、自尊感、尊严感、耻辱感，从这个意义上来讲，家国情怀能否在历史课堂教学中落地生根将关乎着国家的未来和希望。我们的同胞中，对战败之耻和对割地赔款之痛了解的不是太多，而是太少。一百多年中沉重而痛苦的记忆，给予了人们太多的忧伤、悲愤和思索。中国人不应该、不可能更不可以忘记，刻写

在中国近代的镜头、侧面或片段，虽然斑斑点点但历历在目：不管身处何时何地，身为中华儿女的我们，都会在心灵深处那个最柔软的角落，油然而生的那种情感，这就是家国情怀。"从来不需要想起，永远也不会忘记"。当前的历史课堂教学应该一如既往地传承优秀文化传统，融合时代精神，弘扬我们的家国情怀，增强国家认同感和民族凝聚力，为实现中华民族伟大复兴的中国梦提供深厚的精神和情感力量。

痛定思痛总是民族复兴的开始，历史时刻警示着我们每一位中华儿女当勿忘国耻，振兴中华。像林则徐一样，胸怀大志，海到无涯天作岸，山登绝顶我为峰。为实现中华民族伟大复兴的中国梦而不懈奋斗。

第四章

初中历史课堂教学策略

第一节 初中历史课堂教学设计

一、历史教学设计概述

（一）什么是历史教学设计

历史教学设计主要是指教师在开展教学活动之前，需要结合教学的目标与标准，围绕历史教科书上的内容，对历史教学的资源、内容与形式进行开发设计的过程。做好教学设计是教师在历史课堂中做好教学工作，实现教学目标的重要前提，也是学生能否学好历史这门课程的重要保障。教学设计既包含对教学策略的设计，也包括教学计划的制订与实施，教学结果的评价等内容。教师要回答"为什么教""教什么""怎么教""教得怎么样"等问题。

教师通过教学设计，将对历史课程标准的理解、对具体的教学内容和教学对象的分析等加以整合，作出对教学的整体规划、构想和系统设计，形成一种思路，并对一系列具体的操作层面的教学事件作出整体安排，形成一个个体现一定教育思想观念、具有可操作性的教学方案。

（二）历史教学设计的特点

1. 目标性和针对性相统一

历史教学设计是通过分析《历史课程标准》和设定预期目标，针对具体的教学对象和教学内容策划和构思的，所以它必须保持目标性和针对性相互协调和相辅相成。预期目标的设定建立在分析社会需求分析、具体教学对象和教学内容的基础上，它针对教学对象的需要和教材特点而形成；而针对教学对象和教学内容设计的措施又是围绕目标而来的。这种目标性和针对性的相互关系是历史教学设计的基本内涵之一。

2. 教学设计是一个系统过程

系统论认为，世界上一切事物都是作为各种各样的系统而存在的。任何事物、现象和过程都自成系统，同时也互成系统。历史教学就是一个系统。在这个系统中，有学习者、学习任务、教师、教学媒体、教学资源、教学策略等诸多要素，该系统的功能在于促进学生的学习历史教学设计必须用系统论的思维和方法，对影响教学的诸多因素进行统筹安排。

3. 突出学生在学习过程中的主体地位

历史教学设计从"教什么"入手，分析学习需要、学习内容和学生本身，强调充分挖掘学生的内部潜能，调动学生的学习主动性和积极性，并特别重视对学生不同特征或个别差异的分析，着重考虑对个体学生的指导作用，以使每个学生都获得最佳的学习效果。由此可知，历史教学设计注重突出学生在学习过程中的主体地位。

4. 要秉持目标、教学和评价的一致性

历史教学设计的目的是实现教学的有效性，教学有效性的前提就是有明确、具体、可操作性的目标。历史教学要围绕目标来层层铺开，每个教学环节都从某个角度、某个部分或某个层次来烘托目标，而目标是否达成要通过评价来检测。因此，历史教学设计应秉持目标、教学和评价的一致性，以便实现目标有导向、教学有效果和评价有指向。

5. 是一个问题解决的过程

历史教学设计以促进学生学习为目的。所以，它要以学生所面临的学习问题为出发点，确定问题的性质，然后寻找解决问题的办法，最终达到解决问题的目的。也就是说，历史教学设计是先寻找学生所面临的问题，然后寻找解决问题的方法。

（三）历史教学设计应遵循的原则

1. 整体设计的原则

历史教学设计是一项系统工程，它是由教学目标和教学对象的分析、教学内容和方法的选择和教学评价等子系统所组成的，各子系统既相对独立，又相互依存、相互制约，它们组成一个有机的整体。在历史教学过程中，教学目标要通过教学内容、教学媒体和教学策略来实现，教学内容、教学媒体和教学策略要受教学目标的支配，因此，教学目标、教学内容、教学媒体、教学策略要达到相互匹配、和谐一致的状态。历史教学设计要实现这一状态就应遵循整体设计的原则，以实现教学设计的科学性、艺术性、整体性和可行性。

2. 以学生为主的原则

新课程的设置从尊重生命、珍爱生命、体验生命历程的角度进行，它是杜威"教育即生活"的进一步延伸。同时，由于建构主义认为，教学活动的本质是学生根据自己的已有经验去理解对象信息和知识内涵的个性化过程。所以，新课程改革中的所有变化都与"人"有关。例如，历史课程的设置体现了多样性，多视角、多层次、多类型、多形式地为学生提供历史信息，为其提供了更多的选择空间，以助于学生个性的健康发展。因为人的个性、自信、勇敢、尊重比任何知识来得真实、重要，这是教育的返璞归真。因此，历史教学设计要善于不断地创造出具有激发性的教学情境，以让学生的主体性得以充分发挥，同时，要创设宽松的、和谐的教学环境与课堂气氛，让学生的个性得以充分展现。

3. 意义建构的原则

建构主义认为，学习总是与一定的社会文化背景（即"情境"）相联系的，在实际情境下进行学习，可以使学生利用自己的原有认知结构中的有关经验去"同化"或"顺应"当前学习到的新知识，从而实现对新知识的意义建构，按照建构主义的指引，历史教学设计的首要任务就是创设真实的问题情境，以支持学生进行意义建构学习。历史课程标准指

出："历史学习是一个从感知历史到积累历史知识，从积累历史知识到理解历史的过程。历史课程改革应有利于建立促进学生全面发展，注重学生学习过程。"这说明，历史教学不仅仅是为了掌握现成的历史结论，更是为了将学习的知识迁移到新情况中，让学生理解历史的复杂性，并学会创造性地解决问题。

因此，为了帮助学生顺利地学习新知识，以及更好地实现教学目标，历史教学设计应当遵循意义建构的原则。

4. 开放学习过程的原则

学生的学习是一种在教师帮助下的自我激发、自我促进、自我评价的过程。在这种学习过程中，学生不仅能获得知识，形成学习方法，而且能培养健全的人格。这说明，基于人本主义学习理论的学习过程是自由开放的，是依靠学生根据自己的个性来选择学习路径的。

因此，历史教师在进行教学设计时，必须考虑到给学生充分自由的发展空间，开放所有的学习过程，使学生能顺应当代学习生活的变化，最终得以自我实现。当然，这个开放的学习过程要以教师角色的转变为前提，即由知识的传播者转变为学生学习的促进者和帮助者。

（四）历史教学设计的作用

课堂教学是实施素质教育的主渠道，优化教学过程是实施素质教育的核心。教学设计则是优化教学过程的重要手段，它是教学理论向教学实践转化的必不可少的环节，体现出教学理论对教学实践的指导作用。构建高效的历史教学活动，首先要从优化教学设计开始，这是历史教学通往最优化境界的第一步。

1. 历史教学设计使教学目标更明确，使教学活动更有效、更科学

《历史课程标准》中的教学目标从大到小、层层落实、环环相扣，它给教学的每一项活动都指出明确的目标，并规定出教学中各种活动的范围和方向。而历史教学设计正是根据《历史课程标准》而制定的，它从教学的科学规律出发，发现和确定教学问题，并采用系统的观点和方法，客观地分析教学问题解决方案是设计、实施、评价和修改策略，从而摆脱了教学活动设计中的纯经验主义，使教学工作走上了科学化的道路。

2. 历史教学设计能优化教学结构、提高教学效率和增强教学效果

历史教学设计是一种以教学目标为中心所进行的分析学习需要、教学对象、学习内容，以及选择教学策略、方法、媒体的设计过程。这种设计过程是优化教学过程，具有很强的适应性，可以减少许多不必要的重复内容或活动。另外，在分析的基础上还可以科学地制定教学策略，合理地使用教学媒体，科学地拟定教学进度，准确地评价教学效果，从而提高教学效率。

3. 历史教学设计能促进师生关系的建立

教学活动以学为中心，以学生为知识的主动建构者，让教师发挥组织者、指导者、帮

助者和促进者的作用。在历史教学设计中，教师通过分析学生，能充分地了解学生的特点，从而根据学生的特点运用相应的教学策略，采取相应的教学方法和教学形式，以及灵活地应用教学媒体。这种富有吸引力的教学活动能大大减轻学生的学习负担，使学生在轻松愉快的教学活动中增强学习兴趣和学习的积极性，并与教师建立良好的教学关系。

二、历史教学设计的基本要素与流程

（一）历史教学设计的基本要素

影响历史课堂教学设计的因素很多，教师在进行教学设计时不可能考虑到所有的要素。目前，历史教学设计所遵循的理论、采取的方法和步骤不尽相同，但要考虑到的要素一般有以下几种。

1. 教学对象

教学系统的服务对象是学生。为了做好教学工作，教师必须了解并认真分析学生的情况，掌握他们的一般特征和初始能力，这是进行教学设计的基础。在教学过程中，学生处于学习的主体地位，其学习效果及行为、情感的变化能够反映出教学目标的完成情况，而学生的学习最终是由其自己完成的。因此，历史教学设计应特别重视对学生的分析，并在分析学生一般学习规律的基础上，了解学生的需求、接受能力、个性差异等，统筹分析学习的外部环境及刺激学生内部学习动力的智力与非智力因素，以便更有针对性地对学生因材施教，促进学生更好地学习。

2. 教学目标

教学设计的目的是优化和实现预期目标，在教学设计理论与方法中，师生的活动、教学资源和媒体的设计与选择、教学策略的确定及其应用均要围绕教学目标来进行，都要受到教学目标的制约。因此，教师在具体实施教学前必须明确"要到哪里去"的问题，即通过教学活动使学生掌握哪些知识和技能、培养学生何种态度和情感，并用可观察、可测定的行为术语精确地表达出来，同时，尽可能地表明学生的心理变化。

3. 教学策略

教学策略是指在具体条件下，为实现预期目标所选择的途径和采用的方法，也就是在明确"要到哪里去"后，解决"怎样到那里去"的问题。教学策略包括教学组织策略、教学内容传递策略和教学资源管理策略三类，其范畴包括教学组织形式、教学结构程序策划、教学媒体材料设计与开发等。在教学设计视野中，教学策略是教学过程的综合解决方案，是保证教学目标实现的有效途径和方法，必须作为教学设计的重点，因而，教师在进行教学设计时，应总体考虑所采用的教学模式、程序、方法、组织形式，以及选用的教学媒体等，以完成特定的教学目标。

4. 教学评价

教学评价就是根据教学目的和教学原则，利用所有可行的评价方法及技术对教学过程及预期效果给予价值上的判断，以了解教学目标是否达到，看看"有没有到那里去"，从而为修正教学设计提供依据，为被评价对象作出某种资格证明。教学评价包括诊断性评价、形成性评价、总结性评价三部分。它通过确立评价指标体系，利用科学方法对收集到的教学反馈信息进行分析与处理，从而获得对教学设计方案和教学实施过程的修改信息，以使教学更加趋于完善。

（二）历史教学设计的流程

历史教学设计流程的主要内容如下。

1．学习需要分析

即解决"为什么教"的问题，具体内容包括了解教学中存在的问题，分析学生的实际情况与期望水平之间的差距，确定总的教学目标。

2．学习内容分析

即解决"教什么"的问题，具体内容包括根据总的教学目标，具体考虑如何选择和安排教学内容。

3．学生特征分析

即确定学生的初始能力、了解学生的一般特征和分析学生的学习风格。

4．学习目标的阐明

即将学习内容分解成很多具体的目标，并用一种非常明确、具体的，可以观察和测定的行为术语，将其准确地表达出来，形成一个体系。

5．教学策略的制定

即解决"怎么教"的问题，具体内容包括确定教学顺序、建立教学活动程序、选择教学组织形式。

6．教学媒体的选择和运用

即解决"怎么教"的问题，具体内容是依据选择和运用教学媒体的原则，描述教学过程中所需的教学媒体，并利用选择教学媒体的模型，作出最佳选择，然后阐述运用教学媒体的设想。

7．教学设计成果的评价

评价目的是了解是否达到学习目标，确定"效果如何"，评价标准是学习目标，评价对象包括老师"教"的行为和学生"学"的行为，评价类型可分为诊断性评价、形成性评价和总结性评价。

8．修改

即根据评价提供的反馈信息，对教学模式中的各个步骤进行重新审查和修改。在以上流程环节中，要特别注意检验"学习目标的阐明"和"教学策略的制定"这两个环节。

三、历史教学设计的内容

整体而言，历史教学设计主要包括以下三方面内容：其一，解决"为什么教"的问题，即从学情分析开始，了解学生的实际情况与期望水平之间的差距，了解教学中存在的问题，对学生进行分析；其二，解决"教什么"的问题，即分析具体的教学内容，明确具体的学习目标（即学生应该掌握什么知识和技能）；其三，解决"怎么教"的问题，即确定教学策略，考虑如何实现教学目标或学习目标，其中包括教学媒体的选择和应用，以及对教和学的行为作出评价。具体而言，历史教学设计的内容包括以下几个方面。

（一）研究《历史课程标准》

《历史课程标准》规定了学科教学的目的、任务、内容及基本要求，是编写教材、进行教学、评价教学质量的依据，也是制订教学目标的依据。因此，历史教学设计的一个重要内容就是研究《历史课程标准》，制订符合课程标准的教学目标。

（二）分析教学内容

不同的教材有不同的特点，不同的教学内容有不同的教学要求。因此，历史教师应在了解学生情况和回顾先前教学经验的基础上，仔细分析教材的教学内容，以便根据总的教学目标对教材内容的顺序、详略、深浅等作适当的调整、取舍、提炼或加工，并努力用具体的目标来落实教材的教学要求。

（三）分析学生特征

历史课程标准打破了过去"以学科为中心"的观念，并转向了"以人为本"的教学观念。因此，学生所处的环境，学生的情绪、情感、经验、阅历、生活背景，学生的感受、需求、欲望、知识基础等应该成为制订教学目标的依据。历史教师在进行教学设计时，应认真分析和研究学生特征，包括其身心特点和已有的知识、能力，以确保所制订的教学目标既符合课标要求，又能使多数学生经过努力之后达到目标要求。

学生特征的分析是学情分析中最重要的内容，它要求教师通过多种途径来进行调查。有学者对学生特征做了详细的概括，认为分析学生特征应该做到"十知道"：①知道学生的现有水平；②知道学生的详细需要；③知道学生的学习环境；④知道学生的学习态度；⑤知道学生的学习方式；⑥知道学生的学习习惯；⑦知道学生的思维特点；⑧知道学生的生活经验；⑨知道学生的个性差异；⑩知道学生的认知规律。

（四）分析社会现实需要

社会发展是动态的过程，相对于时代进步而言，教材内容总是滞后的。教师在制订教学目标时应当考虑到这一点，分析社会现实需要，并据此适当地充实必要的教学内容。

以环保问题为例，随着我国政府正式启用《商品零售场所塑料购物袋有偿使用管理办法》，人们对环境保护的认识迅速提高。我们知道，历史课标要求学生"学习从历史的角度去了解和思考人与人、人与自然、人与社会的关系""陶冶关爱人类的情操"。而环保问题正是"思考人与自然的关系"的一个重要入口。

历史课标对"从蒸汽到互联网"这一课的具体要求是"以蒸汽机的发明和电气技术的应用等为例，说明科学技术进步对社会发展的作用"。因而，历史教师在说明"科学技术进步对社会发展的作用"这一课标要求时，可以提出这样一个命题："以往每一次生产力的飞速进步，对人类生存的环境都造成了巨大的挑战"。然后让学生去思考这一命题，进而提出要关注环境保护，达到从历史的角度培养学生环保意识的教学目标。

（五）准备资源

准备资源即准备好相关的资料，具体包括课标、不同版本教科书、教师教学用书等。历史教师在进行教学设计时，应加大备课的阅读量，备课时除了钻研课本、教材、教参以外，还应多阅读其他有关的参考资料，尤其是不同版本教科书、补充史料，以丰富教学内容，进而达到更高的教学要求。

（六）设计教学过程

设计教学过程是指用流程图或表格等形式简洁地反映出分析和设计阶段的结果，直观地描述教学过程中教师、学生、学习内容、教学媒体等基本要素之间的关系，进而形成一个有重要参考价值的教学设计方案。

在课堂教学的流程图里，最值得注意的是有"反馈"这一环节，它运用了系统论原则，即当学生不能较好地解决某一问题时，教学流程就会回到原来的问题直到问题解决为止，针对课堂的生成性提出了实际的解决方法。

教学设计采用类似于计算机流程图的形式，把复杂的教学过程分解为相对简单的几个环节，明显地显示了教学过程各个要素之间的关系，有利于教学过程有序地展开和教学过程的最优化。具体来说，采用流程图的方式表示课堂教学流程的优点有如下几点：①可以直观地显示整个课堂活动中各个要素之间的关系和比重；②可以依据学生的不同反应情况作出相应的教学处理，使得处理方式的灵活性大、目的性强；③可以使教学过程得以浓缩显示，使其层次清楚、简明扼要、一目了然。

（七）总结与评价

课堂中教师对学生的学习、探究、讨论、课堂发言等给予及时的评价、引导和总结；课堂结束时，教师引导学生进行本次课的综合性总结；课后，学生之间相互评价网上的讨论发言，教师给予引导与总评，并且对课堂延伸部分提出的几个问题的探究情况作出评价。

第二节　初中历史课堂教学备课

备课是教师从事课堂教学的起点和基础，是决定课堂教学质量高低的第一个重要环节，也是课堂教学的重要组成部分。备课不仅仅是写教案，它是指在课堂教学之前所进行的一切准备工作，包括对教学过程的精心设计，对知识的内化和具体化，对教学资源的开发、整合与利用，以及对学生的研究与关注等许多方面，是教师的创造性劳动，而不仅仅只反映了教师对课程教学内容的理解。教学设计是备课诸环节中的一个重要的方面，就像建造大厦先要设计模型和蓝图一样，它是对历史课堂教学的具体计划，要根据课堂教学中的许多动态因素，考虑如何引导学生、如何保持课堂教学的生动性和有效性。

古人云："凡事预则立，不预则废。"从某种意义上讲，备课质量的高低，决定着课堂教学效果的优劣。因此，要上好历史课，首先要备好历史课。

一、备课的意义、原则和要求

（一）备课的重要意义

备课技能是教师必须掌握的一项基本技能，是对教师职业的一项基本要求，在新课改教学实施的过程中，备课技能尤为重要。

首先，从教师职业道德看，认真备课是历史教师事业心和责任感的具体体现。备课是否具有广度、深度，基本上是由教师的投入程度决定的。教学是教师的天职，备好课才能上好课。教师在备课的过程中敷衍、草率，是对教学工作不负责任的一种体现，其职业道德是应该受到谴责的。

其次，从历史课堂的教学效果看，备课是提高历史课堂教学效果的起点和基石。历史教师从历史新课程标准的熟悉到教学目标的确定，从教材的把握、教材的整合到教学环节的设计，都需要在备课的过程中进行巧妙处理、精心设计和科学安排。历史教师在备课过程中如果考虑不细致、准备不充分，就难以避免课堂教学的盲目性和随意性，难以保证课堂教学的合理密度，从而影响课堂教学的效果与质量。

最后，从学生获取历史知识的过程看，根据学生的历史知识背景备课是保证历史教学课堂效果的关键性环节。传统的历史教学以传授历史基础知识为核心，要求历史教师准确无误地传授历史知识。而新的教学理念是以学生为核心，不仅要求历史教师传授历史知识、培养学生的历史思维能力，还要求体现学生获得历史知识的过程和掌握学习历史的方法。所以，历史教师在备课的过程中，要摸透学生的兴趣、特点、爱好及知识背景，选择最适合学生的教学方法，并让学生主动参与学习的整个过程，从而全面实现教学目标。

可见，备课是否认真到位，所反映的是教师的教学态度和职业操守问题。要高度重视备课技能的训练，精心地设计好每一节课。

（二）备课的指导原则

由于历史知识具有过去性、具体性、历史高度统一性、综合性等特点，所以，历史教师在备课过程中，既要采用灵活多变的方法，又要坚持严肃认真的态度，总的来说，历史教师备课时应遵循以下指导原则。

1. 具有严谨性和科学性

历史知识具有一去不复返的特点，不能重复或实验。因此，历史教师必须使备课内容合乎历史事实，具有科学性，而不能望文生义、信口开河或胡编乱造，要防止把一些野史、民间传说、有争议的提法等不加分析地贯穿到课堂教学之中，向学生传授似是而非的知识，从而造成不良影响。

2. 具有创新性

备课不是对教材和教参的简单抄袭，而是在深刻领会教材内容的基础上，结合学生特点，创造性地设计出既符合自身教学风格，又符合学生实际情况的教学实施方案的过程。这就要求历史教师备课时应具有创新性，具体要求主要包括以下几个方面。

第一，备出波澜，即巧妙构思、精心设计，使教学过程有起有伏，既有教师指导下学生认真思考、苦苦求索的过程，也有学生思维活跃、主动突破的过程；

第二，备出深度，即把隐含在教材深处的思想和情感体会出来，把内在的规律和联系挖掘出来，以促进学生学习；

第三，备出新意，即对教材内容有新的发现、新的见解，特别是对一些相对"落后"的内容，更要注意挖掘其具有时代意义的"新意"，使学生耳目一新，并兴趣盎然地进行思考；

第四，备出高度和学法，即有课必备课，不重复使用旧教案，次次都有新突破，并注意"教其知，授其法"，使学生"以法求知"，从而达到"无师自通"的良好效果。

3. 具有针对性

历史教师备课时，还需要具有针对性，具体应做到以下几个方面：①既要考虑面向全体学生，又要兼顾差异教育；②要针对教材的具体内容、学生的实际情况，提出不同的要求，作出不同的计划；③该浅则浅、能深则深，要做到心中有书、目中有人，克服主观主义、形式主义的倾向，避免片面性与一般化。

（三）备课的基本要求

1. 目的要明确

历史教师备课的目的要明确，具体体现在以下几个方面。

首先，应该搞清楚的是为谁备课，是为教师"教"而"备"，还是为学生"学"而"备"。备课时，不仅要考虑让学生学什么、怎样学，更应考虑这样的学习对学生的发展有什么作用，要时时把学生的需要放在首位。例如，考虑对教材的处理是否能够吸引学生学习；问题的设计是否能激活学生的思维；教学方式是否有利于学生主动探究；教学过程中有没有给学生留下足够的自主活动时间和空间等。也就是说，历史教师应当明确这一点，即备课不仅是为教师教好，更是为学生学好。

其次，在实际备课中，历史教师应使每个教学单元、每节课，甚至每个教学步骤所要达到的目的，明确具体且实施措施能够落实。同时，要使备课内容重点突出、详略得当，而不能面面俱到、样样都讲，以免喧宾夺主。

2．计划要周密

历史教师在备课时，要精心策划、周密安排教学内容、教学步骤和方法、板书的设计，以及教具和现代化教学技术的配合使用，并要考虑其整体性。在备课中，要尽可能地预见到可能有利或不利的因素，以及教学过程中可能发生的问题，并预想出相应的对策，设计多种不同的方案，以便因势利导。否则，课堂中一旦出现"意外"，就会手足无措，不知如何应付。而要使备课的计划周密，就必须吃透教材、了解学生、选择方法并虚心请教。

此外，备课的计划周密还特别要求历史教师准备"充分"，即在内容、方法及有关信息上宁可"备而不用"，不可"用而不备"，要注意不断吸收新思想、新信息，掌握新技术、新方法，及时了解"即时信息"和科学技术"前沿知识"，以充实备课内容，达到"博取约用"。

3．方案要有弹性

新课程强调课堂教学是师生、生生之间有效互动的生成过程。这种生成过程并不是说让教师和学生在课堂上信马由缰式地展开教学，而是要求教师在备课时不仅要预先设计教学方案，还要在教学方案中为学生的主动参与留下时间和空间。也就是说，历史教师的备课方案应具有弹性，以使历史教学贴近每一个学生的实际，使师生积极互动，发挥出创造性来使备课方案具有弹性的具体要求主要体现在如下几个方面：①可以设定教学目标，但目标不能仅局限于认知，还应涉及过程与方法、情感态度和价值观等其他维度；②教学目标要顾及学生之间的差异，坚持上不封顶、下要保底的原则；③全程关联式地策划教学设计，注重教学过程从何处开始、如何推进、怎样转折等。

二、备课的过程与方法

（一）了解社会形势与环境

随着人类社会的进步和科学技术的发展，人们获得知识的途径越来越多，而且获得知识越来越容易。学校是学生获得知识的重要场所，但是学生可通过社会渠道获得更多的知识这就给广大历史教师提出了一个迫在眉睫的难题：知识单一的教师如何面对正在全面发展的学生。历史专业毕业的学生储备其他学科的知识甚少，这就很难应对新课程改革的发展。

社会形势与环境在发展变化，这就要求广大历史教师必须不断了解社会、充实自己，拓展自身的知识结构，不断增加知识储备。在备课时，应结合现实生活，把学校置于整个社会大环境下去研究，使所讲授的历史知识能为学生分析、解释社会现象服务。

（二）研究课标内容

课程标准是备课的基本依据，是教学的指导性文件。只有研究教学并熟悉课程标准，才能把握教材；只有统观全局，才能明了各项教学内容的地位和作用，以及各项教学内容之间的联系。所以，历史教师在备课之前，首先要认真学习、领会和掌握历史课程标准的内容。

（三）解读并超越教材

历史教材是历史教师的工作对象，是学生获得知识的载体，也是历史教学的主要依据，钻研历史教材是历史教师备课的中心内容。新课程理念强调，历史教学的过程是历史教师"用教科书教"的过程，而不是"教教科书"的过程。也就是说，历史教师在备课时不仅要解读教材，而且要超越教材，具体内容如下。

一方面，历史教师是教材的理解者、参与者和实践者。备课时，历史教师要钻进教材之中，有自己的钻研、解读和思考。否则，一味地接受和照搬教材内容，被局限在教材内容之中，历史教师就只是充当教科书的"传声筒"、知识的"贩卖者"的角色，而很难在课堂上教出新意和深意。长此以往，历史教师的思想必然僵化，其课堂上的学生必然厌学，师生之间的默契关系也会随之消失。

另一方面，历史教师还要跳出教材、超越教材。也就是说，历史教师钻研教材既要"进得去"，也要"出得来"，既要善于捕捉和精心设计教材中的细微知识点，也要能够统揽全局和合理安排知识体系。叶圣陶说"教材无非是个例子"。既然是例子，说明教材并非是教学的全部，教师要抛弃那种唯教材是用的本本主义，灵活变通教材中与学生口味不相符或滞后于学生发展的内容，及时关注时代发展的新动向，吸收生活中鲜活的素材，并将其及时地整理、融合到自己的教学中。

也就是说，历史教师要本着源于教材、源于生活、高于教材、贴近生活的原则来处理教材。

（四）了解学生

学生是教学的对象，分析了解学生是安排学生活动和选择教学策略的依据，对提高教学效果具有重要作用。因此，在教学设计时，首先要分析学生的特征。一般情况下，在教学设计时必须了解的学生主要特征有以下几个方面。

1. 学生的兴趣爱好及认知特点

初中和高中学生因其年龄阶段不同，兴趣爱好及认知心理有很大的差异。例如，初中学生喜欢老师形象、直观、生动地描述一个历史事件或人物；教师在准备教案时要运用生动、鲜明、形象的语言，采取投影仪、影像材料、Flash 动画等多媒体教学技术，激发初中学生学习历史的兴趣；而高中学生，由于其具有一定的理性思维，更希望教师能对一些历史事件或人物进行客观、理性分析，要求历史教师用深刻、理性的语言，通过层层递进"剥笋子"的方式，处理好知识点之间的联系，探寻历史事件的本质及规律性的结论，从而在较高的理性层次上掌握知识。因此，历史教师要注意观察、善于分析，从学生的兴趣爱好和生活经验中寻找契机，激发他们的学习兴趣。

2. 学生的知识基础

不同学生的知识基础不同，同年级学生的知识背景也会存在差异。城乡学生因所处的环境不同，获得的信息源也不对等，整体而言，城乡学生在知识方面的差距越来越大。即使生活在同一地区的学生，也会因使用教材版本不同而直接造成知识结构体系的不同。因此，历史教师在备课时，应分析学生上节课完成任务的情况和相关学科知识的情况，根据他们的原有知识基础及对学科知识的掌握程度，来设计和安排教学活动。初中历史教师一定要根据学生的知识背景设计教案，或采取有效措施提前进行干预，使学生的初中知识体系与高中知识顺利衔接。

3. 学生的智力水平和技能基础

不同年龄阶段的学生智力水平及技能基础不同，有些内容符合初中学生的知识层次，但对高中生讲这些内容可能难以满足他们的需要。例如，讲华盛顿向父亲承认砍樱桃树的故事，初中学生兴趣盎然，高中学生觉得索然无味，甚至反感，因为他们的知识背景决定着他们对老生常谈的故事无法产生兴趣。同样的道理，对于初中已经接触过的历史知识点到为止即可，重点讲高中补充的新知识。例如，在高中讲"商鞅变法"时，不要再讲"立木赏金""五马分尸"的故事，而要调动学生参与学习的过程，帮助学生分析商鞅变法的第一次变法和第二次变法内容中哪些条款真正触犯奴隶主贵族的利益。

4. 学生所在的班级情况

班级班风对课堂教学的组织起着至关重要的作用，历史教师应根据学生所在的班级情况进行备课。例如，在薄弱学校，基础较差的学生相对集中，历史教师花大量的时间用于组织课堂教学，因此在准备教案时就要做到简而精，否则就很难完成教学任务；在示范学校，基础好的学生相对集中，历史教师要充分挖掘教材，合理安排课堂教学的特殊密度，帮助学生完成知识的建构。

此外，历史教师在备课时还应对自身所在的教师团队进行充分研究。一个教学班级的任课教师即一个完整的教学团队，历史教师在备课时不对自己的教学团队做任何了解与研究，是不可能顺利展开教学活动的。历史教师研究教师团队的主要内容包括以下几个方面。

第一，要研究本教师团队的主要教学方法，尽量避免同一种教学方法在同一个时段内的频繁使用，以减少学生的疲劳感和厌烦情绪；

第二，要及时掌握本教师团队各科的教学进度，及时利用其他学科的部分学科知识为我所用，增强课堂教学情趣和效果；

第三，要及时与本教师团队进行信息沟通，有针对性地对不同层次的学生进行教学设计，尤其注意对偏科学生的及时帮扶；

第四，通过与教师团队的沟通进行有效的课堂教学组织。

总之，在教学设计时，历史教师既要考虑到全班共性的特点，也要注意学生个性的差异，对于教学目标的制订和教学活动的安排，要做到"照顾两头，面向全体"，让所有的学生都有所收获和提高。

（五）制订教学目标

新课标中的"教学目标"这一概念，是与"教学任务""教学目的"有所不同的。"教学任务"是教师所要完成的工作；"教学目的"是教师为完成教学任务所提出的要求；而"教学目标"则是教学中师生预期达到的学习结果的标准。也就是说，"教学任务"和"教学目的"针对的是教师的工作，而"教学目标"则包括教师的教与学生的学，并尤其定位于后者。而且，"教学目标"所提出的指向和要求不像"教学任务"或"教学目的"那样是概括性的，而是带有策略性和条件性的，是具体的、可操作、可观察、可评价的。

从这个意义上讲，在新课程改革中使用"教学目标"这一概念，不仅仅是概念的简单替换或是目标领域划分上的调整或修改，而是教学理念的改进，它突出了学生在教学关系中的主体地位，关注于学生的学习与发展。因此，教师在新课程的实施过程中制订教学目标时，要从只考虑自己如何教转变为考虑如何教学生学习，并重点考虑学生通过学习有什么变化，以及变化应达到什么样的程度。

同时，由于教学目标是教学活动预期达到的教学效果，是教学活动的"中心"和"尺度"，所有的教学活动都要围绕教学目标而开展，因此，教师务必使教学目标准确清晰、明确具体、符合实际。教师应通过制订教学目标，明白"本节课要让学生了解什么？掌握什么？受到什么感受和教育？达到什么程度？"也就是心中有数、目标明确、有的放矢，特别应注意体现出教学目标的"三维目标"，即"知识与能力""过程与方法"和"情感、态度与价值观"，不能只制订"知识与能力"的目标，而忽视其他两个目标。同时，教学目标还要体现前后知识的联系。

对于历史教学来说，历史教师制订教学目标应达到以下要求：①要以素质教育为指导，转变要求学生以记忆史实为主的教学意识，把培养学生的思维能力和进行人格教育作为历史教学的重要目标；②应考虑教学目标的层次或梯度，要体现"高要求、低起点、密台阶"的原则；③对教学目标的表述要具体、明确，不能模棱两可、含混不清，以致无法操作或流于形式。

教学目标具有不同类型，就中学历史学科的教学来说，历史教师可以将教学目标分为以下几种层次的目标。

首先，最高端的是"历史学科教育目标"（也称"历史课程目标"），是指历史这门学科作为学校课程所要承担的任务；其次是"年级教学目标"，是指具体一个年级的历史课的教学目标，借用新课标的用语就是"板块"或"模块"教学目标，如初中的中国古代史教学目标、高中的历史教学目标等；再次是"单元教学目标"，是指一个教学单元或一个学习主题的教学目标，如中国古代史的第一个学习主题"中华文明的起源"的教学目标；最后就是"课时教学目标"，是指单元教学下每一节课的教学目标。

以上几类教学目标构成了历史学科教学目标的完整体系，它们是由上而下分层次、不断分解又不断具体化的，它们的指向、作用是不同的，在内容的划分上也会有所不同。新的历史课程标准中所列出的"三维目标"，是冠以"课程目标"这一概念的，即上述高端目标，是确定和阐述历史课程所要进行的教学任务和目的。所以，如果将"课程目标"的划分领域套用在"课时教学目标"上，就难以确定一节课的"过程与方法"。

（六）选择教学策略

教学策略是备课高层次的内容，是教学效果的重要保证。钻研教材只是解决"教什么"的问题，了解学生只是解决"对谁教"的问题，要真正上好课还要解决"如何教"的问题，即教学方法的问题。教学方法的好坏，往往决定教学的质量和效果，甚至决定整个教学的成败。所以，选择教学策略就是对教学过程进行系统的设计，主要包括：划分课时、考虑教学目的、贯彻教学原则、选用适当课型、安排教学步骤与方法、准备教具、板书设计、计划每个环节所用的时间等。

教师在选择教学策略时需要特别注意的是，教育部《基础教育课程改革纲要（试行）》中要求在第八轮课程改革中逐步实现学生的学习方式、教师的教学方式和师生互动方式的变革，并指出"历史教学应是师生相互交往、共同发展的互动过程"。

在传统的历史课堂教学中，教学是以教师为中心展开的，教师始终是课堂主角，学生总是被动地接受知识，因此学生学习历史是乏味的，课堂气氛始终是压抑和沉闷的，往往会出现"教师讲课口若悬河，学生听课昏昏欲睡"的尴尬局面。这就要求教师必须在教学方式上进行一次"颠覆性的变化"。

在历史教学新理念中，课堂不仅是教师的讲台，更是学生学习的舞台，且学生是学习的主体。在上课过程中如何引导和改进学生的学习方法，是历史教师亟待探索和解决的重大课题。因此，历史教师在设计教案时不能依然固守传统，而要双向设计，既要有教师的活动，又要有学生的活动、师生互动、师生互补，使历史课堂回归到应有的和谐氛围。学生只有在这样的氛围中，才会积极思考、自由交流、主动探究、大胆质疑。

在教学过程中，凡是学生能说的、学生能做的、学生能自己学会的，教师都要让学生自己独立完成；凡是学生通过自主学习、合作学习不能完成的，教师应及时点拨、指明思路，而不可以越俎代庖、包办代替。

（七）安排教学流程

合理安排教学流程是保证课堂教学顺利实施的关键。课前准备、导入新课、讲授新课、总结新课，每一个环节如何衔接，以及如何围绕教学目标层层递进、环环相扣，既是教学设计的难点所在，也是教师教学技能的集中体现。在教学流程的安排中，要充分体现以教师为主导、以学生为主体的原则，让学生的探索贯穿整个教学活动。

（八）设计教学测量

设计教学测量即为学生设计课堂练习题。练习题是课堂教学内容的一个重要组成部分。学生在学习了新的知识之后，要靠做练习题来巩固所学知识与提高理解水平，因此，设计练习题就显得尤为重要。

教师设计练习题应达到以下基本要求：一方面，要对教材中的练习进行筛选，选择典型题安排给学生练习；另一方面，要适当补充一些能开发学生智力、提高学生能力的补充练习。具体来说，教师设计练习题应遵循以下原则。

1. 目的性原则

即课堂练习要从既定的教学目标出发，为巩固所学的教学内容服务。教师既可以为巩固所学内容而设计综合练习，也可以为巩固所学内容的某一方面设计单项练习，但不论设计哪种练习，都要为既定的教学目的服务。

2. 整体性原则

即设计课堂练习时应从课堂教学整体出发，把课堂练习作为课堂教学的有机组成部分，并为全面完成课堂教学任务服务，而不能把课堂练习当作课堂教学的"补丁"，或者为了练习而设计练习题。

3. 层次性原则

即课堂练习要有层次、有梯度，使学生循序渐进地巩固所学知识，并得到逐步提高。一般而言，设计课堂练习要注意以下三个梯度。

第一梯度：设计简单的带有模仿性的题目，这是全体学生，特别是差等生做的，是知识的内化、熟化过程；

第二梯度：设计一些带有综合性、灵活性的题，这是面向大多数学生的，是知识的同化过程，能使学生把知识转化为技能；

第三梯度：设计一些思考性、创造性强的题目，主要供学有余力的优等生练习，这是知识强化、优化的过程。

三、教学计划的类型、要求与基本格式

（一）教学计划的类型与要求

中学历史教学计划一般有以下三种。

第一，学期（学年）教学计划。在学期开始前制订。一般由两部分组成：一是总的说明，包括教材的重点内容、学生基础情况分析、教学目的、教学时数及预习复习、考试考查等时数；二是教学计划进度表。

第二，单元（课题）教学计划。在每单元教学开始前制订，对本单元内容进行全面安排，包括单元名称、教学目的、课时分配、授课类型、教学方法及教学用具等。

第三，课时（节次）授课计划。在上课前制订，对本节课进行设计与安排，具体内容包括班级、学科、课题、教学目的、重点难点、授课类型、教学方法、程序步骤、时间分配，以及教具的利用和板书的设计等。

（二）教学计划的基本格式

为更好地搞好历史教学工作任务，贯彻落实好《国务院关于基于教育改革与发展的决定》，全面推进素质教育，培养一代四有新人。本着"以学生发展为本"的宗旨，制订如下教学计划。

1．指导思想

本着"以学生发展为本"的宗旨，注重弘扬中国和世界各民族的优秀文化，重视学生的思想情感教育，培养正确的世界观、价值观和人生观。注意引导学生进行探究性学习，倡导教师探索新的教学途径，改进教学方式和教学技术，开展丰富多彩的教学实践活动，营造良好的教学环境。

2．教学目标

通过学习，使学生了解重要的历史事件、历史人物、历史现象及历史发展的基本线索，理解重要的历史概念，引导学生学会收集、整理和运用相关的历史学习材料，启发学生对历史事物进行想象、联想和分析、综合、比较、概括等认知活动。注重培养学生的创新意识，以及与他人合作和参与社会实践活动的能力。使学生进一步认清历史前进的大趋势和当代中国的基本国情，坚定建设中国特色社会主义的共同理想，树立为实现共产主义而奋斗的远大理想，肩负起时代赋予的社会责任和崇高使命，当好社会主义事业的建设者和接班人。进一步培养学生运用知识分析解决问题的能力，培养学生的创新能力和自主学习的能力，提高学生的各方面素养。

3．学生基本情况分析

历史是初中学生新接触的一门新学科，大部分同学求知欲较强，课堂纪律较好。但缺乏综合归纳能力，且有部分同学学习目的不明确，学习欠积极。

初中年级学生处在长身体、长知识的阶段，每天都接触社会，他们的一些想法是对社会现实的反映，而他们受到年龄与知识的限制，社会分辨能力正在形成之中，虽然是不定型的思想，但也会影响其行为。

教师首先要帮助他们正确认识社会，激发他们的学习兴趣，端正他们的学习态度，并经常了解、分析他们的心理与思想状况，以便做到心中有数。其次，要切实了解学生的知识结构，认真分析其学习状况，发现其长处和短处，从大多数学生的实际情况出发，制订切实可行的教学方案，同时也兼顾少数学生的情况。

4．教材分析（以初一上学期内容为例）

（1）教材特点

本学期所授的内容是中国历史古代史部分，选用的是人教版教材，该教材融思想性、政治性、科学性、知识性于一体，新增了许多趣味性较强的课堂知识活动，且图文并茂，可读性强。课本按历史时期或学习主题设计了"单元回眸"，梳理基本线索，小结重要内容，还设计了一些开放性习题以及"畅想天地"等栏目，旨在启发思维，提倡各抒己见，答案不求唯一。

（2）教材内容

中国古代史的内容是从我国的远古居民写到魏晋南北朝，各个时期的兴衰过程及其经济、文化的改革和发展，共22课。

（3）教材重点、难点

教材重点在于与历史发展的线索相关的重大事件和人物以及经济、文化的发展。难点在于向学生进行思想教育及评价历史事件和人物。

5．教学措施

第一，落实好课堂的教学目标：①目标统一、准确；②以"内容标准"的要求为依据；③体现统一要求与个性发展相统一。

第二，注重学科间知识的融合与渗透。在把握教材时，从总体上突破原有学科之间的界限，使学生能在多学科的背景下掌握教学内容。在宏观上，应保持合理的综合结构；在微观上，更要注重各人文学科知识间的合理渗透、相互融合和必要联系。

第三，积极开展历史活动课，鼓励学生参与历史小制作，加强培养学生的创造精神与实践能力。通过课外读物、网上探访古迹和名人轶事来扩大学生的历史知识面，通过自主的学习方式来提高学生探究学习的能力。

第四，集体备课强化教学质量，让教师之间取长补短、资源共享。每周进行集体备课一次，上公开课及听课，课后评议、互相促进，以提高教学效果。

第五，注重改变学生的学习方式。倡导真正立足于学生发展的新的学习方式，即自主学习、合作学习、探究学习，使学生真正成为学习的主体。在实践中，通过那些能够带给学生理智挑战的教学，通过那些在教学内容上能够切入并丰富学生经验系统的教学，通过那些能够使学生获得积极的、深层次的体验的教学，通过那些给学生足够自主的空间、足够活动的机会的教学，真正做到"以参与求体验，以创新求发展"的教学，有效地促进学生的发展。

第六，突出以能力目标为主导，强调学生思考能力、创造精神和自主探究能力的培养。以能力目标为主导，就是在教学中要以平等、理解、信任的态度，创造融洽的教学环境，给学生足够的空间，促使学生主动地参与教学活动。在教学中，始终围绕能力目标实现，努力探讨用能力目标主导教学的途径和方式，真正地把知识、能力和人格培养有机结合起来。

四、教案的作用、要求和编写格式

（一）教案的作用

编写教案是教师备好课的重要前提。教案的作用表现在以下四个方面。

第一，帮助教师理清思路。教师在研究课程标准、教材及教学参考书时，所获得的知识是杂乱的。若要在课堂上结合学生的特点有条不紊地展开教学活动，则需要教师使备课成果条理化、系统化。编写教案将能起到这一作用，而且使备课成果更加巩固。

第二，指导教学实施，保证教学质量。教师在教案的指导下进行教学，有助于克服教学中的盲目性和随意性，有利于教学工作的顺利开展和教学目标的顺利实现，能够为稳步提高教学质量创造良好的条件。况且有了教案，教师心中有数、会更加充满自信、有的放矢。

第三，帮助教师积累资料、总结经验，从而为教师不断改进工作、提高业务素质打下良好的基础。

第四，可以为教师之间的相互学习及有关部门的检查与指导提供依据。从这一角度来看，教案的编写对于教师自身的成长与提高也是十分有利的。

（二）编写教案的基本要求

教案的编写要在教师认真研究课程标准、教材和教学参考书的基础上，再结合学生与教师自身的特点编写而成，既要体现教师自己的教学艺术风格，又要符合教案的基本要求。

1. 教案的项目

（1）教学目标

①知识与能力目标。

②方法与过程目标。

③情感（情感、态度、价值观）目标。

（2）教学方法

①教学媒体的选择。

②教学过程：首先，导入新课、讲授新课、学生活动、教师活动；其次，学生作业的设计；最后，板书的设计。

③附相关资料（如备课参考书目）。

④教学后记（反思与点评）。

2. 教案的整体要和谐

教案的整体和谐主要体现为内容扼要、格式鲜明、层次分明、文字精练、书写清楚、方法可行。教案主要用于指导教师的课堂活动，既不能寥寥数语、过于简练，也不能写成讲义底稿或照抄教材。尽管老教师可能写得简要一点（简案），青年教师写得详尽一点（详案），但都不能将教案写成教材的摘抄或翻版。教案应源于教材、高于教材，应是教材的分析和综合、提炼和补充、加工和改造、再创和发展。

3. 教案的形式要灵活

由于学科和教材的性质、教学目的和课程的类型不同，所以教案没有统一固定的、完美无缺的"标准模式"。不同的教师或者不同的课程，应有不同特色的教案，即使是同一个教师，对不同章节所备出的教案也是不同的。因此，教案的形式不能墨守成规或强求统一。

教案的形式一般有提纲式、剧本式、简明式与图表式，其各自的特点如下。

提纲式教案：对课堂内容的高度概括，只写提纲要领，不写细节，以及教师、学生活动的方式和过程。这种教案只适合经验特别丰富的老教师使用，年轻教师则不足为取。

剧本式教案：把对整个教学的构思全部记录在"案"。其优点是充分估计了教学中的各种可能性，是教学的真实写照，能使新教师得到全面的锻炼；不足之处是用时较多，不够简洁。

简明式教案：采用实用的活页教案。其优点是节时省力、简便易行。

图表式教案：采用非常精彩的图表语言来表达课堂内容。这种教案多用于复杂的结构分析、联系类比、逻辑推理，常在复习总结时使用。

4. 教案的关键是运用

教师在教学实施过程中，既要让教案发挥它的指导作用，又不能让教案束缚自己的手脚，要能够随机应变，使教案发挥更大的作用。

第三节　初中历史课堂教学环境

历史教学是在具体课堂环境中进行的，课堂环境是师生交往、学生主体参与的重要媒介。良好的历史课堂环境是提升历史教学有效性的重要保障。历史教学设计需要考虑课堂环境。

一、历史课堂环境

课堂环境作为教学设计的重要环节，旨在强化对教学内、外影响因素与条件的设计与改善。如何理解课堂环境，有不同角度与层面的理解，典型观点如下：

（1）课堂环境包括结构维度和情感维度。前者指学生在班级内的角色组织、角色期待以及共同的行为规范和约束机制，而后者则指个体的人格需要独特的满足方式，如课堂中的满足感、亲密性和摩擦等。

（2）课堂心理环境指作为一个社会集体的班集体中的气氛，这种气氛对学生的学习产生潜在的影响。

（3）课堂环境即影响学生学习成就和品德的班级风气和气氛。常与班级心理特征有关，如班级成员之间的社会关系和相互影响，个人与集体的关系，竞争与合作的关系，师生关系，教师的领导方式，要求学生保质保量完成学习任务的强调程度，明显或不明显的班级组织和纪律方式等。

（4）课堂环境就是影响教学活动的开展、质量和效果，并存在于课堂教学过程中的各种物理的、社会的及心理的因素的总和。

倘若将课堂环境放在大的教学环境中理解，教学环境主要指学校教学活动的场所、各种教学设施、校风班风和师生关系等。将其对应于课堂环境，课堂环境也可从物质空间环境、组织文化环境、人际心理环境三种交互维度加以理解。对历史教学设计而言，历史课堂环境除了关注常规性的物理（物质空间）与心理（组织文化）环境外，更侧重于强化基于学科特征与方法的、对特定历史内容理解的人际心理情境的理解与创设。

二、历史课堂环境的构成要素

历史课堂环境既具有课堂环境的一般性要素，又带有特定的历史学科特点，其课堂环境至少具有以下构成要素。

（一）物理环境

课堂物理环境是显性环境，是教学活动赖以进行的物质基础，主要包括教学设施、课堂座位排列、课堂自然条件、班级规模等。

教学设施是构成历史课堂物理环境的主要因素，课桌椅、历史图片、多媒体教学设备等，都是历史课堂教学必备的基本物质条件，苏霍姆林斯基曾说："我们努力使学校的墙壁也讲话。"这是因为丰富的墙壁布置是我们道德的、精神的、伦理的教育体系中的一个组成部分。历史课堂也应充分利用课堂内的教学设施，使其发挥最大效用。

课堂座位排列是历史课堂物理环境的必要构成部分。正确的座位排列还包括课桌设计。传统的成行的座位排列只强调了教师授课的主导地位，讲台是最耀眼的中心区，教师处于课堂聚焦的中心点。在此种座位排列下，学生参与课堂的意识较弱，相对而言，课堂前排和教室的中间地带是学生较多参与教学的活跃区，其他座位的学生不自觉地会被边缘化。因此，在课堂教学中，教师可在教室里不断走动，尽可能让靠边就座的学生发言，同时，也可定期调换座位，或在适当条件下可让学生围在环形、长方形桌旁学习与讨论，增加学生参与课堂的机会。

课堂自然条件是历史课堂物理环境的自然基础，直接影响学生的心理健康水平。研究表明，课堂物理环境因素如教室内光线、温度、声音、色彩等，确实对教师和学生的认知、情感和行为产生着广泛的影响。历史课堂应尽可能采取较理想的课堂自然条件。

班级规模也是历史课堂的重要构成部分。班级规模主要是指一个班级内学生人数的多少。班级人数适中的课堂，学生会有更多机会参与课堂讨论，也有更多机会回答教师提出的问题。相反，如果班级人数过多，只有部分学生能参与正常课堂活动，另外部分学生会被边缘化，在历史课堂中，教师应考虑此种变化，尽可能减少班级规模带来的负面影响。

（二）常规性心理环境

常规性心理环境主要指历史课堂内的人际关系与教学气氛。

人际关系是人与人之间的交往关系，在历史课堂中特指师生关系与生生关系。师生关系是基于历史教学过程中的师生交往形成的，通过师生相互影响、相互认识、相互间的信息交流而强化。生生关系是基于学生个人的家庭环境、学生个体的知识水平与情感兴趣等，生生关系也是复杂的，并对历史课堂的教学气氛产生重要影响。

教学气氛主要指特定班级在历史教学过程中形成的一种情绪、情感状态，是在长期的历史课堂中基于学生对历史学习体验与感悟的情感综合与应对形成的，它以师生对教学的态度及对周围条件的态度反映为基础，具有稳定性、综合性、交互性等特点。

常规性心理环境是历史课堂环境的基石。这其中，师生关系、生生关系以及有学科特色的、稳定性教学气氛的营造都至关重要。西方学者莫亘内特提出，师生关系的质量能够鼓励学生在课堂上成为积极的学习者，能够培养创造力。卡特也认为，积极的师生关系能够培养创造力。常规性心理环境是构建积极课堂环境的重要因素。

（三）基于学科特征的历史情境

历史情境是联系学生学习经验与历史教学目标的桥梁。在历史课堂中，教学目标是根据学生经验、依托历史情境并在与教学目标的指向性互动中完成的。学生具有建构历史内容的相关经验，但这些经验常常是零散的、潜意识的，且并不能激活内含于特定历史对象的内容，历史情境恰恰能有选择性地将其激活、整合，或者能够提供更鲜活生动的经验"侧供给"，从而有助于提高历史教学目标的达成质量。

创设历史情境要紧紧围绕教学立意与目标，情境的选题、角度、氛围都要与之相适应。要基于历史学科特征，历史情境可以有合理性的想象，但尽量不要有虚构。即使学习远古内容时，苦于没有一手史料，可以做合理性想象或推测，但也不能无原则性地加以虚构。历史情境要有趣味性，能使学生乐于参与，并要有一定思维含量，能够促进学生历史学科思维的培育。

概括而言，历史课堂环境是课堂物理环境、常规性心理环境、基于学科特征的历史情境三者相互影响、相互渗透的综合。

三、创设历史课堂环境的策略

历史课堂环境涉及常规性物理环境、教学人际关系及具体的学科情境等，创设历史课堂环境的策略主要包括：

（一）创设良好的常规性物理环境

常规性物理环境通常涉及教室座位的排列。教师对学生的人文关怀可从座位调整入手，使其尽可能传递对学生平等关爱等信息。比如，从教室的中间到前排是教学容易聚焦的区域，教师的关注度较高，容易吸引学生的注意力，而后排的学生却比较容易走神，教师可通过各种调换方式，比如，优劣搭配编组、组与组之间按照一定顺序前后换位，左右对调换位，或每个学生依次轮换不同方位的座位等，创设各种办法来营造平等的课堂气氛。还可以通过改造教室桌椅的排列、将"插秧式"改为 U 型或 O 型排位，改善教室空间布局，改革教学组织形式以及组织小组讨论等，以此来营造良好的常规性物理环境。

此外，在教室中设立图书角、办板报，充分发挥教室多媒体、互联网等课程资源的作用，尽可能利用各种教具、学具等，都可以促进良好物理环境的形成。

（二）课堂教学中正向、积极教学气氛的设计

教学气氛中的关键要素是情感。"传统教学的'感知—理解—巩固—应用'这一掌握知识的阶段结构是一个无情感的活动结构，是'目中无人'的纯认知活动过程。而情境教学是借助丰富的想象和情感，使学生获得对事物本质和相互关系的认识。情境教学巧妙地把认知与情感、抽象思维与形象思维、教和学、指导与非指导等诸因素加以协调、平衡与整合，这正是在更深层次上反映了教学认识的进程模式。"情境教学注重情感沟通，这与课堂教学中正向、积极教学气氛的设计有内在关联。在历史教学设计中，教师要注重良好教学氛围的设计，从师生关系、教学导向、学习气氛等方面着力营造，尤其需要结合历史学科、历史知识内容特点，根据学生的年龄特点和心理认知规律，设计较为适切的学习期望与教学行为，为师生交流互动、相互促进创造条件。同时，尽可能地设计多种教学手段，利用语言设计、挂图与图片设计、音像作品等手段，营造正向、积极的教学气氛。

（三）预设课堂教学活动中即时情境的调控

促进学生创造力发展的课堂环境因素涉及多个方面。有研究表明，促进学生创造力发展的课堂环境因素有：学生创造性思考时间的保证，对学生产生创造性观念和产品的奖励，鼓励学生切合实际的冒险，允许学生犯错误，对其他观点进行猜想，对环境进行探索，对假设进行质疑，善于发现自己的兴趣和问题，能够产生多种假设，能够关注广泛的思想观念而不是某个具体的层面，能够对思维过程进行思考。可以看出，及时调整课堂教

学活动中的即时情境，对提升课堂环境质量意义重大。

课堂教学过程中的即时情境，主要是指教学活动中各种教学因素作用下所产生的偶发、短时情境。此种即时情境尽管短暂，却会构成课堂教学活动的经常性因素，涉及教学内容、师生态度、师生交互影响的体验与心境等。在历史教学设计中，要尽可能预测教学活动中的即时情境，强化生成性情境及问题的预防性措施。

生成性情境强调教学活动的开放、多元互动与建构，这就需要教师对预定的教学行为与思路进行灵活性设置，尤其强调建立在充分了解学生情况基础之上的精心预设。以往的历史教学设计强调预设的单方面作用，生成性教学设计倡导在精心预设的基础上，以教学过程的动态生成实施补位。生成性情境有两种基本形式：一是教师通过预设逐步启动问题的生成情境，二是学生在学习中随机引发的具有个性特征的生成性问题。

对于上述存在的情况，在历史教学设计中要注意预测学生可能引发的问题，比如，学生辩论过程中可能表达与众不同的见解，不尽相同的观点形成了大量的差异信息，其中相当一部分信息可以成为生成性资源，但也同时可能引发潜在的问题，甚至可能出现"课堂事故"。对此，教师要尽可能课前预设可能的问题，准备可能的预案，调控课堂教学活动中的即时情境。

（四）对课堂教学活动内求的预设与调整

有研究表明，"实际的"课堂环境与"理想的"课堂环境越接近，学生学得越好。依据当代建构主义学习观，环境的改变应该与个体需要的发展保持同步，最佳的环境要能刺激个体积极成长并对个体不同发展阶段的需要作出相应的敏感反应；教学或课堂环境一方面需与学生当前达到的发展水平相适应，另一方面又要稍稍高于学生能够独立应付的水平。

由此，历史课堂环境的创设，需要与课堂教学活动内容的调整与改善相结合。在历史教学设计中，教师应事先在备课时对课堂教学活动过程有预设，对课堂教学活动内容的处理要有不同层次、对应不同教学情况的可能性设计，对课堂教学活动中学生可能出现的内容认知偏离甚至态度背离极端等情况有应对预案，以保证教师能适时有效地调整课堂教学内容和教学策略，调整教学方向与内容主题，营造合理的教学节奏与课堂环境。

四、构建历史情境的手段与途径

历史情境可视为基于历史学科特征的课堂环境。历史情境是联系学生经验与历史知识内容的辅助性桥梁。它是教师根据相关教育理论、历史学科特点及学生认知规律，针对特定教学目标与内容，综合地采用教学手段与方法所创设的特定教学情境。在历史教学设计中，历史情境以学生已有的学习经验为基础，以建构特定历史学习内容为依托，其情境构建基于历史学习对象的具体化，可采取多种方式与途径。

（一）借助多媒体手段构建历史情境

多媒体是借助文本、图像、声音等要素构成的媒介组合，它能以其鲜明逼真的动态画面、情感丰富的音响刺激、立体丰满的形象塑造，构建逼真的历史情境。从心理认知的角度看，以多媒体手段构建的历史情境能够在某种程度上复原曾经发生的历史，拉近学生与历史的距离，使学生能够在尽可能真实的"情境"中审视和认识昨天。同时，历史情境也能够使学生有身临其境的心理体验，它能将抽象的历史内容转变为形象的音像展示，易于激发学生的学习兴趣，使历史知识内容具体化，更能激发学生的课堂参与。在历史教学设计中，要尽可能利用音像、影视等多媒体手段构建历史情境。

（二）通过设置问题构建历史情境

基于问题的历史学习与教学，力图促使学生在学习历史知识内容的同时，借助问题的呈现创设历史情境。凭借历史情境，可以让学生体验、感悟相关历史内容。相对于抽象的历史文本，问题情境可以激发学生的历史学习兴趣，让教师能够结合历史教材提出新颖的、可供积极思考的问题，实质上也就能激起学生的历史思维活动，通过问题开启学生思考与探究历史的思维活动空间。

（三）通过挖掘热点构建历史情境

鉴于历史与现实的距离，学生学习历史需要一定的现实"兴奋点"。利用史学鉴古知今的特点，在历史教学设计中可以联系现实生活中的热点问题，通过史学内容与现实生活的联系，激起学生兴趣的同时，构建相关的历史情境。挖掘热点问题既要依据学生特定年龄阶段的心理特点，又要结合特定课时内容、目标，不可盲目为情境而情境。历史教学设计要力求实效，在利用现实热点问题挖掘历史价值的同时，尽可能激发学生的学习兴趣，营造愉悦、宽松、合作、探究的课堂情境。挖掘热点问题，将其与历史学习内容相联系，一方面可增强学生对历史学科的关注与认同，另一方面可强化史学问题的现实性，增强历史学习的情境体验。

（四）通过开展活动构建历史情境

用历史活动构建相关历史情境，是历史情境创设的重要手段。在历史教学设计中，设计一定场景的戏剧表演、游戏、模拟角色扮演等活动，可以创设不同程度与维度的历史情境。

1. 角色模拟活动的设计

角色模拟是通过模拟历史场景或提供涉及历史问题的情境，呈现历史活动，让学生扮演其中的人物角色，在模拟历史场景中尝试运用不同方法解决问题，从而使学生"神入"历史情境，体验历史人物的思想与情感。角色模拟主要通过直接感受、角色体验来强化学生的历史认知，增强学生的历史体验。

角色模拟活动的设计主要包括：

（1）历史背景知识的设计。主要涉及角色模拟中的历史事件、历史人物的宏观背景性知识。通过阅读史著、资料、教科书等途径，获取对相关背景性知识的了解，从大的方面了解相关历史事件、历史人物的背景性知识，并予以设计。

（2）角色与矛盾冲突的设计。角色模拟的关键在于扮演何种"角色"及其聚焦的矛盾冲突。扮演角色决定了学生分析与思考模拟情境中相关历史事件、历史人物的视角与立场，矛盾冲突凸显了模拟事件与人物的特点等，并据此进行设计。

（3）模拟历史情境的设计。角色模拟需要具体的历史情境。若仅让学生关注角色，而不涉及具体的历史情节与情境，学生也不能进入模拟角色。学生需要讨论具体的模拟问题与情境，理解与"神入"所涉及的历史境遇，如此才能全神心投入角色模拟活动之中，因此，也需要予以设计。

此外，角色模拟需要教师的有限卷入，根据角色模拟活动的展开灵活地指导学生，比如，可以根据学生对角色扮演的体验指导学生把握表演行为的分寸与尺度，或适时地指导模拟活动的程序策划等，因此，也需要对教师的指导行为予以必要的设计。

角色模拟实施过程的设计，需要注意的问题：要灵活应对表演中出现的问题，如个别学生可能会提出意想不到的问题，或出现言语性人身攻击等；对于初次承担角色模拟的学生，选题要有针对性，尽量简易可行；注意设计学生合作的气氛，使学生扮演角色更近于自然；对于角色模拟活动中可能出现困窘或不知所措的学生与情况，要做好多种可能性预案等。

2. 历史剧活动的设计

历史剧是历史教学中通过教师引导或协助学生而开展的戏剧表演活动。历史剧活动的设计需要结合课程标准与教学目标，并参照相关历史教学内容。历史剧旨在通过描写历史人物和事件来再现一定历史时期的生活面貌或历史精神，让学生于亲身体验中加深对历史、社会的理解。

历史剧活动的设计需要遵循历史剧创作的虚与实。历史剧是历史和戏剧的组合。历史进入戏剧的怀抱，戏剧承载着历史。历史剧创作以尊重历史为前提，以遵循历史人物性格逻辑和事件的生活逻辑为引申，但同时，历史剧终归还是"剧"，它有某些艺术成分，允许一定程度的虚构。因此，创作历史剧首先涉及历史剧本的虚与实。历史剧本的"实"一般涉及历史真实和真实历史。历史真实属于历史的大框架，特指由历史事件发展、变迁所构成的宏大历史脉络，是历史的本质真实。真实历史属于历史的本初语境，是历史的简约记载，它一般由文献典籍记载历史人物、历史事件构成，强调"事事有来历，件件有出处"。历史剧本设计应尽可能依据真实历史，同时于大的层面上更要符合历史真实。历史剧本的"虚"指的是假设与想象。历史书写需要想象，"史家追求真人实事，每须遥体人情，悬想事势，设身局中，潜心腔内，忖之度之，以揣以摩，庶几入情合理，盖与小说、院本之臆造人物，虚构境地，不尽同而可相通。"历史剧本既要基于真人实事，还要对其进行"入情合理"的"揣摩"，在描述历史"不失为逼真"与"大体上正确"的广阔空间之中，寻求假设与想象的平衡。历史剧设计必须以认真研究历史为前提，深入理解历史的精髓，以史实为基础，"出之贵实"，但也不能仅被史实所局限，还要"用之贵虚"，用虚构形式编撰戏剧内容。作为史家与历史剧作家的郭沫若曾认为，"写历史剧并不是写历史，这种初步的原则是用不着阐述的。剧作家的任务是在把握历史精神而不必为历史的事实所束缚。剧作家有他创作上的自由，他可以推翻历史的成案，对于既成事实加以新的解释、新的阐发，而具体地把真实的古代精神翻译到现代。"史实的记载一般都是简约的，这就为虚构提供了创作空间，但虚构必须基于简约的历史记载，尊重大框架的历史真实。

历史剧设计是基于历史真实的艺术加工。历史剧虽有史，但终归也含有"剧"的成分。历史剧作为"剧"要遵循艺术真实的准则，在不违背历史真实的前提下创造性地进行艺术创造与虚构。其中，悬念的设计就是其艺术创造的重要内容。悬念是观看历史剧的一种期待。急切的期待是希望观众能保持的一种最理想的心情。对学生而言，让学生处于一种期待之中，就能较好地调动学生的紧张情绪。"戏剧建筑的秘密的最大部分在于一个词——紧张。而剧作家技巧的主要内容就是在于产生、维持、悬置、加剧和解除紧张。"在历史剧创作中，若要最大限度地让学生产生期待，需要设置剧本"悬念"。常用的设计方法：

（1）结果前置法。就是从学生最期待的重要场面开场，先展示剧本之中可能出现的高潮是什么，以此提示学生，然后再将剧本内容转回至正常顺序，由此设置剧本"悬念"。

（2）同类比较法。这种方法就是设置与剧本人物或事件本质上极为相似的同类，将聚焦于剧本的重大矛盾冲突或危机集中展示出来，以此来调动学生的期待情绪。

（3）预言提示法。预言是对尚未发生的事情的宣告或隐言。此方法就是预示剧本最大危机的必须到来，且不可避免，由此暗示学生，制造对未来事件发生的强烈期待。

历史剧活动的设计需要注意：

（1）因地制宜，精心选材。历史剧本创作要结合学生的认知特点及教学状况，适时地进行剧本创作。历史剧本的选材也相当关键，教师要深入分析教材，适时把握教材，选择学生便于表演、富有创意的学习内容。同时，要依据教学进度与学生学习特点灵活进行。

（2）形式尽可能多样。历史剧活动设计可长可短，可繁可简。可以选择反映宏大历史场面的重大历史事件，也可选择有突出特点、矛盾冲突集中的小的历史片段或历史人物。历史剧创作的形式，既可以体现为一人独白，也可体现为多人合作。概言之，要根据教学内容、教学实施状况，灵活选择，不拘一格，创作形式尽可能多样。

（3）历史剧活动设计要注重学生合作与教师指导。要调动学生积极性，尽可能让所有学生参与，要提供学生表达思想、观念的机会与平台。在设计过程中，教师既是组织者、引导者，又是促进者与合作者。教师既不越俎代庖，包揽剧本设计的全过程，又要让学生在剧本设计中积极参与，并在关键时刻提供帮助，教给学生解决问题的方法与思路。

3. 历史游戏活动的设计

游戏是自主的体验活动。历史游戏主要借鉴游戏的设疑、挑战、自主等理念，将历史教学目标隐含于游戏活动中，依据历史教学内容及学生特点，采取游戏化教学策略，进而将学生置于自主、自愿学习状态下，以此使学生获得相应的历史知识与技能，并获得相应的态度与情感体验。历史游戏明显超越了真实、客观的历史发生环境，所提供的复杂情境带有一定条件设定，可形成积极有效的问题探索情境。其基本构成有以下要素：其一，叙事性要素。历史游戏旨在让学习者处于新奇的历史故事情节之中，以此激发学生的参与积极性与创造力，而叙事的限制和可能性条件，促进了游戏学习的发生，构成学习者理解学习任务的基本部分。其二，游戏性要素。历史游戏是按照一定游戏规则来设计游戏目标、内容与具体情节冲突的，学习者通过操作游戏性变量来改换认识的对象、内容或范围，并产生相应理解与应答，解决某些挑战性问题，贯彻于其中的游戏性要素十分明显。其三，技术性要素。历史游戏要利用游戏的一般性技术，对历史游戏涉及的社会、自然、物理等系统因素进行技术性设计，以此来激发学习者的参与热情与兴趣。

（1）历史游戏中的情境设计。历史游戏需要创设轻松的学习情境，但又需与历史教学目标、内容密切相关。可采取以下策略：其一，尽可能从历史课程中析取概念，形成建构情境问题的学科内容基础。认知建构理论认为，概念是构成认知结构的核心元素，学习者可形成适应自己知识发展的认知结构。历史游戏设计的首要步骤是分析历史课程的相关内容，从课程内容中析取相应的概念要素，由此设计的情境问题与学科内容能有紧密关联。其二，历史游戏要为学生提供探究的"问题空间"。游戏情境中的"问题"是包含多维意义的网状结构，内含许多概念元素。游戏情境综合地描述概念的多维特征，并动态地成为概念描述的特征集。历史游戏的设计要找出影响学生概念形成的主要变量，构建问题情境表征的结构特征。此类结构多为非良构问题，即概念系统的多维关系在不同的情境中是不一致的，这意味着同一概念应用于不同具体实例中，其内涵将体现出一定差异，学生在此问题情境中的探索，即为复杂的、非良构问题的思维探究活动。其三，处理好概念语境的"异离化"。异离化是指把一个概念从原来的情境中抽离出来，放至新的情境中，建构新的问题情境。历史游戏要尽可能做好游戏概念的诠释语境，所构建的新情境与概念所处的原始情境应有一定程度的相似性，围绕概念诞生的原始情境做好游戏问题的设计联结。

（2）历史游戏中的叙事设计。从某种意义上讲，游戏设计是叙事的艺术。叙事的主旨在于为学生提供解决问题的语境氛围，给学生提供创造、想象的机会。具体而言，叙事设计可为历史游戏提供资源框架、为学习者提供必要的场面与背景信息、激起学习者预存的经验联结等。概言之，历史游戏中的叙事设计不是简单地告诉学生故事，而是要为学生提供创意、想象的空间，于各种可能的维度上尝试进行更广泛的探究与理解。就此，叙事设计可提供以下理解元素：其一，营造情境空间。叙事设计可为学习者提供植入性展开框架，它将故事元素注入游戏结构之中，为学习者创造想象空间与体验境地。通过叙事设计，游戏可让学习者按照设计好的叙事图式进行游戏活动，学习者可在其中徜徉或交互活动。其二，制造故事冲突或角色。历史游戏的叙事是依据一定程度的冲突或限定目标来设计表达的，有些游戏故事可以制造紧密的历史人物或历史事件连环冲突，让学习者按照其情节演绎递进发展；有些游戏故事仅提供情节片段，学习者于每个场景中承担的角色是松散的，游戏中的大量情节以角色在各场景中的相似特征为主线加以联结。其三，嵌入叙事单元。历史游戏常以某些简单的小事件构成，它们是推动历史游戏情节发展的微单位。历史游戏的每个单位可为学习者提供参与、竞争、对抗的空间，学习者在游戏情节中的每个创造性行为，客观上又丰富了游戏本身的情节发展，学习者则形成情感体验的"难忘时刻"。

历史游戏需要将历史信息与特定游戏手段、情境相整合，将历史文化信息潜移默化于学习者心中。其中的整合策略：其一，通过游戏手段控制历史文化名人，加深对历史文化名人的了解，这一点可通过在游戏中扮演与历史人物真实身份相符或相近的角色来实现。其二，通过游戏情境再现历史事件或相关的历史环境。其三，可通过模拟建造实现对历史古迹的再现，让学习者获得对历史知识内容的再认识。当然，历史游戏中的教师角色需要拿捏适当，教师需要保持一定的灵活性，定位于"有限卷入人"角色。也就是说，教师要指导学生围绕主题进行交流，旨在让学生充分发挥其主体积极性，在游戏过程中，学生甚至可超出预先设置的目标、标准展开游戏操作，有时甚至可超越课程标准的限制。所有这些，仍在于保持历史游戏的自主性与学习者的主动性。

第四节　初中历史教学重点与难点

无论日常备课、大赛设计，还是听评课活动，教学重难点都是教师必然遇到的课堂要素与话题。但对相当部分教师而言，教学重难点尽管"必须面对"，却又"日用而不知"。教学重难点到底是什么？如何确立、突破教学重难点？优秀的历史教师需要追问与探讨。

一、历史教学重点

对教学重点的界定，理论界所积累的成果并不多。查询相关著作、期刊，列举主要观点如下：

（1）历史教学重点必须依据教学目的来确定，必须是教材中的中心课题或中心内容，必须是对历史发展起决定作用或产生重大影响的历史事件和历史人物。

（2）"所谓重点，是指在历史发展的全过程中占重要地位，有重大影响，起重要作用的历史知识。就一节课而言，它是指全课中最能体现教学目的的部分。"

（3）"所谓重点，指的是教材中起主导作用的内容，是理解该部分教材的关键。"

（4）教学重点是这节课中最主要的知识和思想教育内容，是为完成教学目的所必须着力讲授的部分。它是组成历史发展基本线索的主要内容和环节，是教学中的关键部分。

（5）所谓重点，指的是课文的主要内容，是基本线索的主要环节，在实现教学目标、完成教学任务方面起主要作用。

（6）教学重点是教学目标中所要完成的最基本、最主要的内容，而确定教学重点应该以教学目标为根本依据。

（7）从理论上讲，教学重点是体现教学目标要求的最本质的部分，是集中反映教学内容中心思想的部分。从实际操作上讲，一节课的重点是该课教学内容中最基本、最重要的部分。

（8）教学重点主要指确定的学习目标、学习内容和学习方式。确定的学习目标指教师在教学过程中要帮助学生制订发展目标，这种发展目标的核心是要符合学生实际的学习目标。

（9）教学重点是指从教学目标出发，在对教学内容进行科学分析的基础上而确定的最基本、最核心的教学内容，通常是指一门学科所阐述的重要概念、原理、规律、技能，是学科思想方法或学科特色的最集中体现。

从上述观点所界定的教学重点中可看出，界定教学重点的视角与落脚点，涵盖了史学要素（历史事件和历史人物）、教材观点、教学目标、课文内容、学习目标、学习内容、学习方式、学科思想方法与学科特色等，在更广泛的意义上，这些"依托点"都可与教学重点发生关联，并提供不同教育语境的规范与诠释。当然，在更深层面上，教学重点指向于课堂目标。倘若将教学重点归属于教学内容，它无疑是教学内容的核心部分，是实现课堂目标的最重要内容的依托。

二、确立历史教学重点的依据

从上述教学重点的诸种界定也可看出，确定教学重点的"支撑点"有着不同性质与类型，具体可分为以下几种。

（一）外在的可能性依据

外在的可能性依据主要指实践中的、可能的外在关联，据此划分教学重点的凭借与支撑，从这一维度看主要包括历史事件的作用和影响、教材的内在联系和主从关系、对学习历史所起的作用等。

1. 历史事件的作用和影响

在一节课的教学内容中，可能涉及多个历史事件，确定某个历史事件是否是重点就要看它们在整个历史进程中的作用和影响。比如，《三国鼎立》一课，通常涉及"官渡之战""赤壁之战"等重要战役，它们都是三国时期以少胜多的重要战役，两者究竟哪个是重点内容，就要看其对历史发展的全局性影响和作用："官渡之战"促进了曹操统一北方，"赤壁之战"奠定了三国鼎立的局面，两者相较，"赤壁之战"对那一时期历史发展的作用更大，应作重点处理。

2. 教材的内在联系和主从关系

历史教材内容源自课程标准，既有一定的指向性，又有其自身的编撰系统性。在确立教学重点时，需要考虑教材的内在联系和主从关系，依据某一知识在教材内容中的地位或作用进行辨别与确立。比如，《百家争鸣》一课中的孔子，作为儒家学派的创始人，不仅在本课内容中具有重要地位，而且其思想影响与后来的秦朝"焚书坑儒"、汉代"罢黜百家，独尊儒术"、宋明理学甚至近代五四运动中的"打倒孔家店"等内容，都有强弱不一的关联，在整个教材内容体系中占有重要地位，据此应将孔子及其思想作为本课教学重点。

3. 对学习历史所起的作用

"以学定教"是新课程的教学理念。在课堂教学中，重点往往也是变化的，变化原因之一就是学生实际情况，教师可根据学生学习基础和知识本身的特点及难易程度，再结合学生的理解水平来确定教学的重点。

（二）内在的根本性依据

内在的根本性依据主要指根据内在的学理分析及其决定性的根本关联，据此划分教学重点的凭借与支撑，从这一维度看主要包括教学立意、课堂教学目标。

1. 教学立意

这是决定一节课教学重点的最根本性依据。从上述实践中的、外在的可能性依据看，无论根据历史事件的作用与影响，还是依据教材的内在联系和主从关系、对学习历史所起的作用等支撑点来确定教学重点，都只能是外在的可能性判断，这样的判断在实践中能有一定的指向性效果，但并不恰当与准确。

2. 课堂教学目标

此种情况主要针对在实践中一课的教学立意难以得出，只能依据课堂教学目标确定教学重点而言的。从学理上看，教学目标决定教学内容。无论历史事件的作用和影响，还是教材的内在联系和主从关系，或对学习历史所起的作用等，这些外在因素都最终以与教学内容的关联呈现出来，而其关联背后的指向，仍在于课堂教学目标的达成。从这一意义上讲，依据课堂教学目标，也可以确立教学重点。

综合起来看，如何确定教学重点，其依据背后折射了一定的教学理念。以历史事件的作用和影响或以教材的内在联系和主从关系为依据确立教学重点，折射了一定程度的"知识决定论";以对学习历史所起的作用为依据确立教学重点,反映了考察依据开始向"学生中心论"倾斜;而依据课堂教学目标或教学立意确立教学重点,则又回归到教学重点的本质诉求上,尽管以课堂教学目标确立教学重点缺乏某些实践"抓手",以教学立意确立教学重点更有一定的操作难度,但是,它们毕竟是衡量教学内容是否能成为教学重点的内在标尺,值得优秀历史教师在实践中探讨与追寻。

三、历史教学难点

与教学重点相类似,教学难点也是教师日常备课中容易涉及但未曾深思的课堂要素和话题。迄今的理论界对教学重点的界定也不太多,主要观点如下:

(1)难点指学生对教材不易理解的部分。

(2)难点,有来自教材的,也有来自教师的,还有来自学生的。

(3)所谓难点,是指教材中难以处理的知识点。

(4)所谓难点,主要是指学生在学习教科书内容时所遇到的困难。并将历史教学难点分为理论性难点、史料性难点、历史发展进程的难点、事件行进过程的难点。

(5)学生不易理解的知识,不易掌握的学习方法,不易获得的学习能力都可以被包含在教学难点的范畴内。

(6)教学难点是学生学习上阻力较大或难度较高的关节点,是头绪较多或较艰深的内容,也就是学生难于理解而有待于教师启发解惑的教学内容。

(7)历史教学的难点,一般是指与学生已有的认知水平存在较大落差,不经过教师的启发、讲解,学生难以理解和掌握的那部分教材内容。

(8)教学难点指的是教学中有困难的地方。按当下新课程改革的术语,就是相对于预设的教学目标,教学中不易"变现"的部分。

可以看出,界定教学难点的视角与支撑点主要涉及教材难度、学习难度、教师指导难度、教学目标实现难度等维度,这也折射了教学理念、理论关注点的位移和质变。在较早的传统观念里,教学难点常指学生难以掌握的知识技能和技巧,或是学生不易理解的知识内容,但后来这种指涉的范围、对象、焦点等都逐渐发生了改变与拓展。在较一般的意义上,教学难点是课堂教学之中教师"难教"、学生"难学"的部分。遵循学生认知规律,恰当处理教学难点,无疑会使教师易教、学生易学,这对提升课堂教学有效性至关重要。

四、历史教学难点的确定

依据上述分析,教学难点无论从哪个角度界定,其最终都落在学生的学习难点上。也就是说,教学难点的确定,可以从形成学习难点的因素来进行,主要有以下几种:

(1)针对学习内容,学生缺乏相应的知识储备与知识联接,或者时空距离较远,难以形成深入的感知与理解。从学生认知规律上看，学生获得新知识的顺序大致是由浅入深、由近及远、由已知到未知，循序渐进的。如果学生缺乏对学习内容的必要知识基础，就难以真正理解新的知识内容。比如，学习《中华文明的起源》一课时，由于学生缺乏对远古时代的认知条件，客观上的考古材料又十分有限，因而在理解远古人类历史时就非常困难。远古时代既没有较多的史料遗存，与现实生活又有着巨大的时空差距，对其的文字描述不仅大多限于推测与想象，且都抽象难以理解。因此，该课的教学难点就是要帮助学生获得对远古人类生活的推测性认知，由此获得理解远古人类历史的学科方法。

（2）鉴于学生学习新的概念内容时缺乏相应的概念思维或认知基础，导致学生认知过程冲突或内容冲突，使学生陷入认知困境。建构主义学习的相关理论认为，认知学习受三个过程的影响，即同化、顺应和平衡。对历史学习而言，学习新的历史内容时，学生需要将新知识纳入原有的历史认知中，这就是同化的过程。当学生不能用原有历史知识理解新内容，或在与新内容顺应的过程中不能平衡协调时，就会产生认知障碍与困惑，形成教学难点。

（3）由知识迁移所产生的负迁移作用，也会形成教学难点。如上所述，学习历史知识内容是在已有知识基础上进行的，但学生在由已知向新知转化的认知过程中，未能做到合理性迁移，未能将相关的知识原理或概念运用于新的学习之中，由此产生教学难点。

（4）对于教材内容中综合性较强、时空跨度较大的历史问题，或理论抽象的概念性问题，非知识认知所能解决，也会形成教学中大的难点。

（5）由于教师教学风格、专业能力与学生认知特点不匹配，或教师教学方式失当，也容易产生教学难点。有些教师善于叙述却短于剖析，有些教师对学生所要学习的内容缺乏深入理解，转化于教学之中，都会对学生造成教学难点。

五、突破历史教学难点的策略

教学难点的解决可以选择多种"突破点"，但从学生认知维度看，主要可选用以下策略。

（一）适时补充必要知识点

知识衔接通常指新旧知识之间的联系。在历史课堂中，新知识呈现之时，倘若学生已学过的"旧知识"不能与其发生意义交汇、思想通联，即出现了所谓知识衔接之"难"。从有意义学习角度看，"知识是一种依托于认知（求知）心理过程的有意义产品。这种产品关乎'逻辑的'（文化的）意义观念和相关背景（"锚桩"）观念之间的互动"。也就是说，知识是依据认知而形成的与"逻辑的"意义观念、相关背景观念的互动。新旧知识之所以发生断裂，是由于缺乏必要的"逻辑的"意义观念或相关背景观念。在这里，具体体现为缺乏必要学科知识点的联接。

（二）巧妙设置认知冲突

如果说以上知识主要强调了新旧知识之间的联系，那么，知识理解则涉及知识对象的本质和意义。历史知识所涉及的一般是过去的事情，限于时空距离，其知识对象常常"今非昔比"，过去的事情很难凭借今天的经验加以认知，知识理解之"难"也会在所难免。

突破知识理解之"难"，可巧妙设置认知冲突。认知冲突是指学生原有的认知结构与所学新知识之间的矛盾。学生在学习新知识之前，头脑中已具有了形形色色原有的认知结构。当他们学习新知识时，总是试图以这种原有的认知结构来同化对新知识的理解。当遇到不能解释的新现象时，就会产生认知冲突。认知冲突是连接学生固有经验与新知识的通道，是理解知识的重要认知途径。尤其当学生理解新概念时，认知冲突会使学生的已有经验受到挑战，会使学生更加倾向于改变旧概念。当然，引起学生认知冲突的条件需具备以下特征：一是已有经验似乎不能解释新问题，学生对已有（或错误）概念不满；二是新概念对学生而言必须是可理解的；三是新概念一开始就必须看似更有道理；四是新概念应该更有效果、更有解释力，更能有效地解决未来的问题。

在历史课堂中，知识理解之"难"常因历史对象的"今非昔比"而引起，认知冲突恰恰是要学生引起对历史对象独有的个性特征的警觉，以此来区分"今昔"对象的不同，突破知识理解之"难"。

（三）多维度设置情境体验

从个体学习角度看，学习历史的过程并非"史学意义上的历史过程"，而是学生接触历史后由感知、理解、体验至升华的多维心理建构过程。历史学习体现着学生个体思维与历史文本的过程性互动，其"神入"、感悟历史是这一互动过程的最高境界。不过，由于历史对象的内容复杂、学生经验和认识能力与对象内容的差距，也会出现过程感悟之"难"。

突破过程感悟之"难"，可多维度设置情境体验。体验的基础或起始点是深度感知。"感知的优势被表述为直接经验的前提性、真知性以及与间接经验的互补性，它对学习的意义是，如果未来通过记忆复现时，会体现出情节记忆与情绪记忆的效果，会产生真实、自然的场景回忆，有助于与知识产生联系。"就此而言，情境体验能够超越知识手段的局限，能将个体当下的感知、直接经验与真知性的间接经验交融起来。从学习角度来说，情境体验能透彻地理解知识的内涵和意义，拓宽知识理解的广度和深度，而不是囫囵吞枣、浅尝辄止。当然，需要强调的是，情境体验远不止于感性体验，它更需要理性的发掘与深入，即通过纵向联系与横向挖掘，凭借分析、归纳、比较、推理、概括等思维活动，超越所感知的历史内容，直达历史对象的深处，力求获得更深入理解。比如，《秦始皇陵兵马俑》一课，教材呈现了秦始皇陵修建的背景、概况、陵园布局、结构以及陵园内已挖掘的三个兵马俑坑的军阵部署和兵马俑作为陶俑的雕塑技术、绘制材料、艺术等内容。尽管教材涉及的知识信息广，内容也较为详尽，但由于秦始皇陵兵马俑逾时已不止千年，时空跨越大，学生理解起来较为困难。如何让学生有效地认知这一历史奇迹与感悟其文化内涵、价值与魅力？为此，可设置多维情境体验：①视觉与听觉体验。展示地图中的秦始皇陵兵马俑、影像中的秦始皇陵兵马俑，通过视觉、听觉，体验与感受秦兵马俑的直观形象；②模拟与比较体验。电脑模拟秦始皇陵一号、二号、三号军坑，比较不同军阵特点，体验秦军阵的雄壮；③模拟与想象体验。电脑模拟考古发掘的秦始皇陵兵马俑以及其他兵器，模拟长平之战，联系秦军作战的文献资料，想象、体验秦人却匈奴、扫六合的威武气势。通过以上多维情境体验，可使文字描述的秦始皇陵兵马俑直观化、形象化，更加生动与逼真。从心理角度上，通过"视""听""想""模拟"等途径，使学生立体地感受秦始皇陵兵马俑，在视觉、听觉、触觉等的交融中形成通感，从多角度聆听、感受秦始皇陵兵马俑，在"默念"与"存想"中体验秦始皇陵兵马俑的特点和内涵，领悟其所指向、联系着的更深远的文化思想和精神力量。

设置情境体验不是要追求形式上的热闹和新颖，也并不止于表面上的直观体验。情境体验的关键在于让学生获得体验的历程，于体验之中多角度地去思考、感悟。鉴于历史对象内容的复杂、学生经验的有限，多维度情境体验有助于学生认识历史对象的各个侧面，弥补学生经验与历史对象之间的差距，也便于更深入地感知、透彻地理解历史对象，突破过程感悟之"难"。

（四）适当设置价值观冲突

与知识理解相比较，情感体验属于较高层级的学习领域。不同类型学习的设计，其遵循的设计原理各有不同。"概念和原理的学习属于知识的建构，必须巧妙地设置认知冲突；技能的建构是操作的学习，必须有真实性的任务驱动；情感、意志的建构属于价值与审美观念的学习，必须设置价值观冲突并获得情感体验。"由此来说，历史课堂中若要突破情感体验之"难"，可适当设置价值观冲突。

情感与价值观，同处于个体意识的最深层，个体情感体验与其所理解认同的价值观呈正相关。对学生而言，情感体验之"难"常发生正向价值观的迷失或疏离。此时，可适当设置价值观冲突，以澄明、矫正学生的价值观偏失，实现学生情感体验与其所认同的价值观的共鸣。

设置价值观冲突的目的在于让学生辨清并认同正向价值观，奠定学生情感体验的理性之基。价值观认同是学生价值观推理和判断转化为价值观行动的关键环节，是促进学生升华积极情感、突破学生情感体验之"难"的动力之源。

　　以上，针对不同层次与类型的教学难点，探讨了教学难点的应对策略。教学难点产生于不同的内容背景与条件，其认知性质与解决路径各有差异。恰切区分教学难点的差异，遵循学生认知特点，是突破教学难点的必要选择。

第五章

初中历史课堂案例教学法

第一节　案例教学法的教学过程

新课程改革鼓励培养学生自主、合作、探究性学习的能力，倡导教师在教学活动中运用多种的教学方式，来激发学生的学习兴趣，使学生"初步形成正确的世界观、人生观和价值观，为成为拥有良好的综合素质的合格公民奠定基础。"案例教学法是以案例为教材，在教师的引导下，学生通过对案例的分析和讨论，运用自己所掌握的知识解决问题，获取知识。这样不仅有利于学生对所学知识的掌握，还能充分培养他们的探究性学习的能力。案例教学法正是顺应了新课程改革的发展，让学生改变被动式的学习方式，化被动为主动，在掌握知识的同时，学会学习的方法，因此案例教学法在初中历史教学中的实行是十分必要的。

一、教师选编教学案例

案例教学法是在以案例的分析基础上来开展讨论，因此案例的质量在很大程度上决定一节课的效果如何。如果案例不合理，将会导致案例教学法无法开展，学生讨论不积极，达不到预期的教学效果。所以案例的选编是十分重要的，需要具备以下四个特点：

（一）案例的选择要符合教学目标

每节历史课的教学开展都是要围绕教学目标来的，因此案例的选择也要严格按照教学目标来选择，教师要根据教学目标和知识基础来选择合适的案例。不能为了追求学生的积极性，而去一味地选择趣味性强的案例，如果案例偏离了教学目标，再有趣的案例也达不到预期的目标。因此，选择的案例一定要以符合教学目标为大前提，在实现教学目标的基础上再进行美化。

（二）选择的案例要具有典型性

"要选择与教学内容和教学目的密切联系的正面或反面典型案例。"中国的历史源远流长，历史资料也不计其数，但一定要选择最具有代表性的案例，能让学生马上从案例中掌握事件的本质，抓住案例的核心要素。

（三）选择的案例要具有冲突性

好的案例"应该包括充分的疑惑，以引起丰富的讨论。"只有面对取舍两难的境地，才能充分调动学生讨论兴趣，引发他们积极思考。如果案例是没有悬念的，学生一眼就能找到结论，就没有开展讨论的必要了。因此，好的案例一定要有冲突性，这样才能充分激发学生积极参与讨论的兴趣。

（四）选择的案例要具有趣味性

趣味性虽然不是选择案例最重要的标准，但却是提高教学质量的重要因素。有趣的案例能够激发学生的兴趣，让学生愿意去思考。如果案例太平实或深奥，就很难引发学生参与的冲动，更别谈让学生参与讨论了。所以，有趣的案例能大大提高学生的学习热情，激活他们的历史思维。

因此，案例的选择是案例教学法实施效果的重要保证，这就需要教师在平常的生活和工作留心观察，扩展自己的阅读量，才能精心挑选出合适的案例。

二、教师设计思考题

选择了好的案例后，教师就需要开始设计思考题了。思考题的设计是案例教学法是否成功的重要因素，好的思考题能充分发挥案例的作用，锻炼学生的思维能力，而欠佳的思考题，会使学生偏离主题，无法达到教学目的。因此，思考题的设计尤为重要，教师在设计思考题时需注意以下两点：

（一）思考题的数量要少而精

因为课时的限制，所以在课堂上设计的思考题数量不宜过多，而且思考题要有一定的深度，才能充分调动学生的积极性，引发他们去积极思考。

（二）思考题要有引领性

我们不是为了提问而提问，而是为了引导学生积极思考，让学生根据问题，运用自己所学的知识回答问题、解决问题。所以思考题的设计一定要围绕案例展开，充分挖掘案例中的有效信息，让学生自己去寻求答案，激发学生探究性学习的积极性，让学生在探索中牢记历史知识。

三、学生课前学习案例

为了案例教学法的顺利开展，除了教师要提前准备案例和思考题外，学生也应在课前先熟悉案例材料。由于课堂时间有限，为了达到更好的学习效果，可以在上节课结束时布置预习下节课的内容，让学生对学习内容有一个初步的了解。如果是比较长的案例也可以在课前先发给学生阅读，如果没有预习，在课堂讨论时学生就会不知所措，提不起兴趣。所以，学生课前预习和提前学习案例是十分有必要的，不仅提高了课堂效率，还能激发学生的探究精神，锻炼学生的思维能力。

四、学生成立讨论小组

为了课堂讨论的有效进行，对于比较复杂的案例，学生也可以在课前先成立合作讨论小组，一起提前对案例进行预习。同学们可以一起阅读案例，一起讨论观点，为下节课的学习打下良好的基础，充分发挥团队合作的精神。

（一）案例教学法的实施过程

本节我将以人教版《大统一的汉朝》为例，来展现案例教学法在初中历史教学中的具体实施过程。本课所选取的案例是秦始皇和汉武帝的材料。之所以选择这一案例，是因为在这节课的教学中，汉武帝的大统一是重点，而上节课刚学完秦始皇的内容，秦始皇和汉武帝都是在我国历史上为国家统一作出巨大贡献的皇帝，通过对比秦始皇和汉武帝的功过，让学生学会正确评价历史人物。

1. 明确本课的教学目标和重点

教学目标：通过分析秦始皇和汉武帝的案例材料，评价两位皇帝在实现国家统一的过程中的功与过，分析历史人物的多样化，培养学生综合素质。传统的讲述法的教学方式是由教师直接评价历史人物的功与过，学生只是负责听和做笔记，这种的方式对学生起不到任何培养作用。在新课程标准中明确要求，"认识人民群众创造历史的作用以及杰出人物在历史上的重要贡献，吸取前人的经验和智慧"，"提高对是与非、善与恶、美与丑的识别判断能力，逐步确立积极进取的人生态度，形成健全的人格和健康的个性品质。"

这节课的重点就是让学生通过分析案例，掌握正确评价历史人物的能力，培养学生探究性学习方法。案例的讨论主题：将秦始皇和汉武帝的功与过进行对比，认为他们俩谁的功劳更大一些？

2. 教师导入教学案例

一节课是否能完全激发学生的兴趣，教学案例的导入是十分重要的。如果案例导入得好，不仅能紧扣教学内容，还能激发学生探究的欲望，为课堂效果增色不少。如果案例导入的效果不佳，很可能会影响后面的教学。一般导入时间不宜过长，三分钟内最好。

本节课我将使用问题情境的方法导入案例，具体过程如下：

教师提问：考一下大家，同学们知道"惜秦皇汉武，略输文采"是出自哪首诗吗？学生回答：知道，出自毛泽东的《沁园春·雪》。

教师提问：那同学们知道刚才哪句诗里面出现了哪两位历史人物吗？学生回答：秦始皇和汉武帝。

教师讲述：秦始皇和汉武帝都是大家非常熟知的历史人物，他们都是在我国历史上为国家统一作出巨大贡献的皇帝。接下来大家和老师一起阅读下这个案例，我们一起来了解下秦始皇和汉武帝的故事。

3. 教师指导学生对案例进行分析

导入后，教师指导学生阅读案例，让学生进入历史情境，从案例中找到重点。

课前就要求学生做好本课的预习工作，并通过网络、书籍、电视、手机等途径，了解秦始皇和汉武帝的相关事迹和评价。学生在初步了解的基础上，再对案例进行分析，有助于激发学生的讨论热情，能大大提高课堂的效率。在学生有了初步了解的基础下，教师就可以引出思考题了。

首先，通过第一个案例，让学生了解秦始皇是一个怎么样的皇帝。秦始皇为了实现国家的统一，作出了哪些伟大的贡献？又有哪些不足的地方？引导学生理清思路，让学生学会分析历史问题，依据史实，形成正确的历史观。

其次，通过第二个案例，让学生了解汉武帝是一个怎么样的皇帝。让学生了解汉武帝为了实现大一统，作出了哪些贡献？除了显赫的功绩之外，还有哪些其他的不足。金无足赤，人无完人，我们评价历史人物，不仅要看他对历史的贡献，还应该看到他的不足以及一些政策带来的不良影响。

第三，通过前面两则案例，让学生从多个角度客观分析秦始皇和汉武帝的功与过，并把两位皇帝的功过进行对比分析。

4. 教师组织学生对案例进行讨论

教师组织学生参与案例讨论是案例教学法实施的重要环节。"通过组织学生讨论一系列案例，提出解决问题的方案，使学生掌握有关专业技能、知识和理论"，还能有效地提高学生的口头表达能力。在传统教学中都是以教师为主角，学生只是听众，很多学生的想法得不到表达。而案例讨论能充分调动学生积极性，让他们都能畅所欲言地表达自己的观点，在表达自己观点的同时，还要学会了倾听他人的观点。

在本节课中，教师设计的讨论主题是"将秦始皇和汉武帝的功与过进行对比，认为他们俩谁的功劳更大一些？"之前，学生已经对秦始皇和汉武帝的案例进行了阅读，让学生通过多个角度对两位皇帝的功劳和过失进行了分析，接下来我将让学生通过分组讨论的方式来进一步探讨主题。每个讨论小组人数不宜太多，4－6人最好，人数太多会影响讨论的效果。先由小组进行组内讨论，再由小组推选一位发言代表，代表负责将小组的观点在班上进行交流。

学生是本节课讨论的主角，为了让每个学生更乐意参与到讨论中，教师要尽量创造一个宽松自由的讨论氛围，才能充分调动学生参与的热情。"确定一个良好的讨论氛围，使得每个人都可以诚实的表达自己的想法。"教师要鼓励每个学生勇敢表达各自的观点，并发现每个学生身上的闪光点，激发学生的探究兴趣。

在学生讨论案例的过程中不要觉得教师的任务就完成了，就可以休息了，教师还有非常重要的任务，在充分发挥学生主体地位的同时，还需要对学生的讨论适时给予引导，及时发现问题并予以解决。

5. 教师进行案例总结

在学生对案例讨论完毕后，最后的收尾工作就是进行案例总结。教师要分析整个案例的重难点，归纳学生的基本观点，并给出正确结论。教师还要对案例讨论中学生的表现给予评价，学生在讨论中暴露出的问题要及时给予指导，学生在讨论中表现优秀的地方也要给予表扬。教师要教会学生从多个角度来解决案例的问题，和学生一起寻找最好的解决方案，让学生养成探究性学习的习惯。

（二）案例教学法的教学评价和反思

新课程改革提倡，有效的教学评价能增加学生的自信，发挥学生的学习积极性。在课堂教学内容完成后进行有效地教学评价是十分重要的，只有通过评价、总结，才能发现教师和学生在运用案例教学法中暴露的各自优点和缺点，通过教学教研组的再总结，不断地提高教学和互动的能力，最后达到教学与学生学习历史知识同步增长的目的。

1. 教师的自我评价

一节课不光是要对学生的学习情况进行评价，更重要的是教师的自我评价，只有教师在教学中不断总结归纳，才能提高教学质量。教师通过自我评价，总结自己在教学方法、教学过程中的闪光点和不足，这是一个非常重要的过程。例如：自己的课前准备是不是充分？通过案例教学法的方式，学生是不是热情参与和积极思考？学生是不是喜欢这种教学方式？本节课的学习是不是完成了教学目标？学生是不是通过案例教学法的方式，不仅获得了更多的知识，还学会了探究性学习的方法，等等。多问自己几个是不是，来考察自己是否完成了预期目标。通过这种不断的提问和反思才能取长补短，提高自己教学能力，使学生在今后的历史课的学习中有更多的热情。

2. 学生的自我评价

在教学内容结束后，不仅教师要进行自我反省，学生也要对自己在这节课中的学习效果进行评价，让学生学会反思，学会自己找出问题和解决问题。学生通过反思，发现自己在学习中存在的问题并进行调整，获得更多的学习经验。

3. 学生的相互评价

很多时候学生自己意识不到自己身上的不足，长此以往很容易养成一些不好的学习习惯。学生之间的相互评价就能帮助学生找到自己身上的不足，一起提高，一起进步，实现共同成长。这种互评的方式，不仅能提高学生的学习能力，还能让学生学会接纳他人的意见，加强学生的综合素质能力。

4. 教师对学生的评价

这种评价主要是考查学生学习情况和课堂参与情况，对于学生在学习过程中的缺点和优点进行评价，"能够真正和客观全面地确认学生所达到的学业水平"。教师对于学生的表现得不够好的地方要及时指出，并纠正学生的一些错误的理论；同时教师对学生的表现得好的地方也要给予适当的鼓励，对他们表达的观点进行肯定，这样有褒有贬的评价才能充分地调动学生的积极性，让他们下次有更好的表现。

不管是对教师的评价，还是对学生的评价，我们都要抱着有则改之，无则加勉的态度。如果是成功值得分享的经验，今后可以继续实施；如果是发现身上的不足之处，就吸取经验，争取下次做得更好。通过教学评价，教师和学生都能发现自身的一些不足之处，才能使他们的教学水平和学业水平得到不断地提高，真正实现教学相长。

第二节 案例教学法的应用范围

一、历史案例教学法实施的理论依据

（一）建构主义学习理论

建构主义理论认为，知识不是绝对正确的，它只是一种解释，是学习者对客观世界的能动的主观反映，随着人类的进步也在不断地被扩展。所以，学生学习历史时也不应该死记硬背，而是要学会针对具体问题情境选择合适的学习方法。与此同时，每一个学生的社会背景都是不同的，每个学生形成的经验背景、兴趣乃至认知风格都是独特的，他们对于知识的理解也因此有所不同。教师不能无视学生已有的经验背景，而是应该学会有针对性地引导学生利用原有知识体系，更有效地完成学习任务。建构主义理论又认为知识不是单独存在的，而是存在于情境化的活动中。所以，学习者可以在教师创设的历史情境中形成新认知结构。

而案例教学也强调学生的主动建构和团队协作，鼓励学生以案例为基础，在具体情境中以问题为线索，在相互交流讨论中获得新知，启发思维。在案例教学中，学生要转变被动学习的现状，更要主动对案例进行分析，建构知识体系，自主解决问题。教师也随之转变角色，精心设计教案，鼓励学生利用案例和已有知识独立地解决问题，成为能够引导学生自主学习、培养学生知识建构能力的授业解惑者。师生间的互动探究能够促进学生知识建构，使课堂中形成相互影响、促进的人际关系。

（二）有意义接受学习理论

有意义接受学习理论是由美国的奥苏伯尔提出的，他根据学习者认知结构和学习材料之间的关系，将学习分为机械学习和有意义学习。有意义的学习是指学习者在新旧知识之间建立一种非人为的实质性关系，从而将新知识纳入原有知识结构之中。有意义学习的条件主要有：新的教学内容没有超过学生可以理解的范围，是符合学生的知识水平的；学生有想要进行有意义学习的心向；学生原有的认知结构中必须具有能够与新知识发生联系的适当概念，并积极主动地将二者产生联系，使新知识获得意义，更新原有认知结构。这种联系越是紧密，越有利于学生吸收新知识、运用新知识。

同时，奥苏伯尔又以学生学习的主动程度为依据，将学习分为接受学习和发现学习。他强调接受学习是当前课堂教学中最为普遍的教学方法，因为历史知识的特殊性，历史教学中的案例主要通过教师进行呈现。但这并不意味着接受学习一定是机械的，它也可能是有意义的。在案例教学法中，学生对教师提供的案例和材料进行自主探究，尝试利用原有的认知结构去理解新知识，最后将新知识纳入认知结构中，更新认知体系。这种案例教学法就属于有意义的接受学习，可以在学生对历史知识的理解和记忆过程的基础上，加深学生对历史知识的整体把握。它注重学生之间的合作性探究学习，有助于帮助学生构建自己的历史框架和历史脉络。

（三）认知心理学理论

美国心理学家布鲁纳提出了认知—发现学习理论，他的理论中包含了学习观和教学观。在学习观中，他强调学生学习历史知识不应该是被动的灌输，也不应该是机械地背诵，而是主张发现学习，强调学生要积极主动地构建自己的认知结构。认知结构是学生头脑中的所有知识观念的内容和组织的总和，就像是运用一种特殊的编码系统在这些知识观念之间建立起稳定的联系和架构。布鲁纳还认为这种认知结构对学生后续学习和知识建构有很大的作用，他认为只有建立起认知结构，学生才有可能在另一种情景下懂得如何运用头脑中的知识。认知结构形成的过程主要是：获得、转化和评价。首先是在面对新事物时，学生能够准确地提取新知识。在获得了新的知识后，无论新旧知识之间的联系如何，都会在已有的知识结构上有所提高。

这一理论十分符合初中历史中运用案例教学法的过程，教师在编写或是选择案例的时候，首先会考虑案例的合理性和有效性，在掌握了这节课的基本结构的情况下选择最合适的案例。教师首先通过呈现案例营造一种历史情境，使学生更能沉浸其中，激起学生的学习兴趣，新事物的学习通过问题的呈现来将新知识和学生的原有认知结构发生作用，教师要引导学生对案例中的历史事件进行质疑、思考，学生相互交流讨论得出结论，最后教师对学生的答案进行归纳，帮助学生掌握。

二、案例教学法促进初中生历史知识建构的适用性

（一）符合初中生心理特点

初中学生的年龄大多是十二到十五岁，在这个年龄阶段里的学生处在人生发展的关键期。这是初中生由儿童向青年发展的重要转折阶段，他们在生理和心理两个方面都可能会有巨大的改变。青春期的学生对自己的行为有一定的约束能力，但是心理还没有发展完善，情感丰富但不稳定，这都会对他们的学习和生活产生相当的影响。

初中历史教学中涉及到了初中生的记忆力、注意力和想象力等方面的能力运用。在这一阶段中，初中生的记忆速度明显变快，不断从以直观形象记忆为主向以抽象理解记忆为主发展，即学生逐渐可以通过概括分析从具体的历史事件中总结出联系，然后根据自己的思考与同学交流讨论，在交流中发散思维，最后得出结论。而案例教学法通过呈现精选的案例营造历史氛围，使学生能更易于感受到真实历史情境。学生通过再造想象在自己的头脑中形成相应的画面，以想象的形式对历史知识进行记忆。这样的记忆方法比起机械记忆来说更加符合初中学生的认知特点，更有利于学生对历史情感的感受，记忆的效果也会更

好。因此，学生在具体的案例教学实践中更易于学到知识建构的技巧，发展思维能力。

接着，记忆的前提是注意，学生只有对教学内容维持高度注意，才能收到更好的记忆效果。初中生注意力维持时间有所增长，自我控制能力也在增强，但枯燥的教学必然让学生的注意力难以长时间集中。而且初中生能够理解一些基本的抽象概念，但还是不够成熟，对于抽象概念的学习还要感性知识的支持，更需要教师考虑学生原有的知识经验背景。他们的思维经常受到具体形象成分的影响，对许多问题的理解很多时候会停留在表面、直接的关系上。这就要求历史教师在教学的过程中不能将历史知识概念化，而是要提供学生必要的历史案例，使学生的注意力更多地集中在教学之上，引导学生进一步探索和感悟历史。而案例教学法中的案例由历史史实改编，具有故事性，生动有趣。这对于初中阶段的学生而言较有吸引力，能够激发他们的学习热情，为后续的知识建构提供动力。

（二）符合当前初中历史课程改革的要求

课程改革发展至今，对于历史教学的要求已经有了很大的变化。从之前的只注重学习结果，到现在的注重学习结果，更注重学习过程；从之前的历史课堂以教师为主体，到现在的以学生为主体；从之前以教师讲授为主要教学方式，到现在师生问答、学生讨论、教师引导下学生自主学习等等多种教学方式综合运用。新课程改革要求教师和学生转变自己原有的角色，教师由原来教学的主体变为学生的引导者，学生从原来的知识的接受者变成知识的主动建构者。案例教学法也主张以学生为学习主体的理念，完全符合课程改革要求，而课程改革的相关理念和要求是可以通过课程标准中具体条例进行解读的。

《义务教育历史课程标准（2011年版）》对初中历史教学规定了三方面的课程目标。首先，课标在知识与能力方面对学生要求"了解多种历史呈现方式，提高历史的阅读能力和观察能力，形成符合当时历史条件的一定的历史情景想象"，"初步形成重证据的历史意识和处理历史信息的能力，逐步提高对历史的理解能力，初步学会分析和解决历史问题"。案例教学法能以呈现案例的形式让学生对历史问题有更加深刻的理解。围绕历史案例，学生对提出的问题进行交流讨论和总结。在这过程中教师引导学生积极主动地分析问题，不只帮助学生得到问题的答案，还要明确是如何得到这一答案的。而且有些问题的最后答案并不是唯一的，学生可以从多角度进行回答。这一系列活动的过程中，学生逐渐提高了自身的知识建构能力，加深了自己对历史的理解，形成了对历史新的认识。

其次，课标在过程与方法方面对学生要求"经过分析、综合、概括、比较等思维过程，形成历史概念，进而认识历史发展的时代特征和历史发展的基本趋势"，学会"对历史事实进行理解和判断"，"通过搜集资料、掌握证据和独立思考，初步学会对历史事物进行分析和评价"，"善于与他人合作"。案例教学法中，学生从案例中辨别、提取关键信息，积极主动思考分析，与同学相互协作。这样既促进了学生对历史学习方法的运用，还培养了学生团队协作的精神。小组成员一同合作对历史知识进行探究与学生独自进行思维活动其实并不矛盾，学生在从不同的角度思考，独立探索，并得出自己的答案后，又能在交流中互相激发灵感，得到更佳的结论。学生们分成多个小组研究案例问题，不仅可以通过集中交流大家不同的答案来互相弥补个人思维上的不足，还能学会了如何和他人、集体合作交流，提高了人际交往能力。

最后，课标在情感态度价值观方面对学生要求"增强民族自信心和自豪感"，"初步形成对国家、民族的认同感，增强历史责任感"，"逐步形成面向世界的视野和意识"，"逐步形成尊重科学、崇尚科学的意识，树立求真、求实和创新的科学态度"，"逐步确立积极进取的人生态度，形成健全的人格和健康的个性品质"。案例教学中学生通过对案例的思考来感悟历史，在学习一些先烈勇往直前的精神或对祖国深深的热爱的同时，也吸取历史中出现的经验教训并引以为戒。历史情感是需要学生自己进行体悟的，而案例就是一个绝佳的媒介。学生通过案例回顾历史事件，在感悟历史的同时联系自己生活实际和当今社会，有利于提升社会责任感。

（三）符合历史知识建构的要求

建构主义理论提出两种知识的建构机制，分别是同化和顺应。而案例教学法中学生的知识建构也是同化和顺应的过程。同化就是指学生将新知识整合到自己原有的认知结构之中。顺应是指案例呈现后，学生以原有的认知结构无法消化理解这一新知识，于是改变甚至重建自己知识结构来接受新知识。同化和顺应在学习过程中必不可少，而且常常一起出现，有机融合在新知识与原有认知结构相互作用的进程之中，共同促进学生思维的发展。"由于案例教学反映了建构主义的学习原则，案例教学可以培养学习者建构取向的认知方式，可看出案例教学的需要性。"学生通过分析案例学到新的知识，并根据问题对案例进行自主思考，然后分组进行交流讨论，更进一步地分析问题，在小组讨论中激发灵感，集思广益。最后，学生对问题进行归纳总结，教师引导学生产生新的疑问，为下一阶段的知识建构奠定基础。在这一过程中，学生不仅优化了自身的认知结构，深化了对历史知识的理解，而且为之后的问题解决提供了思路和经验。智力和能力的提升都只能依靠自身的努力，很难通过别人的"告诉"直接得到。而案例教学法正是致力于引导学生自主进行知识建构，进而熟练掌握历史知识，而不是灌输既定的知识。

另一方面，历史教学的主要内容是过去了的历史事件和人物，教学的内容与学生的实际生活经验存在距离，但历史学习需要学生深入历史情境并真切地体会历史。而案例教学法营造的情境会让学生更好地感受历史事件，将枯燥的历史知识变得生动有趣，使学生对历史教学内容有更多的共鸣。因此，学生能够更加主动地参与历史案例解读，锻炼解决问题和构筑知识体系的能力。

案例教学强调学生畅所欲言，发表自己独特的看法。教学不再偏重于教师的"讲"，而要提高学生的参与度。这样的教学方式对于提升学生独立的思考能力，培养他们的个性和创造性有所裨益。此外，案例教学法的使用有助于学生在讨论中产生思维碰撞，形成一个具有积极意义的认识核心和群体，同时有利于学生形成积极向上的学习心理。而这样的教学环境和氛围是有利于培养学生知识建构能力的。

第三节　案例教学法的主导与调控

一、案例教学法中编制案例和设计问题的原则

（一）选择和编制案例的原则

案例的选择和编制是教学工作的第一步，选择和编制一个合适的案例是运用案例教学法促进初中生历史知识建构的重要前提。教师想要顺利地实施案例教学法，达成既定的教学目的，就需要在选择和编制案例时遵循以下原则：

1. 真实性原则

案例的真实性主要指两个方面：一方面是指案例中的事件和人物都真实存在，能够在史料中找到真凭实据。历史是客观、真实的学科，它寻求的是还原历史的真相。在历史教学中，教师不能随意编撰一个不存在的历史事件用来对学生进行教学。另一方面是指案例中的人物是虚拟的，但事件贴近历史情境。在选择和编写案例时，教师可以采取编制一个虚拟历史人物的方法，但是历史事件必须要贴合真实的历史情境。而且教师在呈现案例之前，应该将这一案例的真实程度提前向学生进行说明。

2. 针对性原则

在案例教学中，案例是举足轻重的一个因素。教师呈现案例应该是有的放矢的，并不只是为了单纯地讲一个故事，而是带着明确的教学任务的。学生要在这个案例中能够发现问题并进行分析，发表出自己的意见和看法。所以，教师在选择案例时要综合考虑教学的目标、教学的内容和教学的重难点等。案例教学都是通过教师与学生的互动进行的，学生在这一过程中也起着十分重要的作用，案例的选择与编写也要针对学生的实际情况进行调整。学生对于较难的案例不易理解，随后的教学也就难以展开，知识建构难以完成。而过于简单的案例无法激发学生的求知欲望，学生也就缺少继续进行下一步知识建构工作的动力。只有选择适合学生实际情况的案例，学生才能够在分析案例时，在自己已有知识和生活经验中找到能起到联系作用的观念。这使学生能更易于从案例中获得感性认识，产生情感共鸣，将这节课的内在要求转化为自身的学习动力，从而主动对这个问题进行深入的理解，完成知识建构。

3. 可读性原则

在编写案例时，教师还要考虑案例的可读性。教师要对案例进行精加工，使其更加符

合自己的教学要求。从一方面看，案例的可读性是指一个案例应该是完整的，要有时间、地点、人物等重要情节，而且简明易懂，生动形象。学生更易于理解和接受这样的案例，进而能够据此进行更为深入的思考。如果案例的内容只是一个历史人物的言行片段或是对于某一历史事件的单方面评判，那这就不能算是一个完整的案例，学生也不足以据此做深入的探讨。从另一方面看，案例的可读性是指案例要符合初中生的认知水平。初中生的抽象思维发展还并不成熟，抽象思维的运作还需要一些感性认知的支持。所以，案例应该具有可读性、趣味性。案例的编写还要考虑初中生的阅读水平，晦涩难懂的案例对于初中生而言比较难以理解。比如，案例以大段文言文的形式呈现，这可能就超出了他们的知识储备，学生很难从中提取到案例隐含的关键信息，也很难将案例和自己的已有知识联系起来，对新知识的建构过程变得更加艰难。相反，生动有趣的案例就能吸引初中生的注意力，而且更易于理解，有利于促进学生知识建构的发展。

4. 启发性原则

案例不是单纯地对历史事件进行还原和解释，而是要让学生在对案例的思考过程中，构建起自身的认知结构。所以，案例要有启发性，能够引起学生认知结构与新的知识的相互作用，激发学生的思考，使学生能够自主探究问题，提高知识建构的能力。这也就是说，案例要能够引起学生的认知冲突。那么，教师编制案例时就要深入了解学生，考虑学生的最近发展区，既要保证案例在学生可以认知的范围之内，又要保证案例难度是学生需要投入思考才能解读的程度。案例的选择是要为了一定的教学目标服务的，教师不仅要通过呈现案例使学生知道这个历史事件，更要启发学生在被创设出来的历史情境中分析这个历史事件，获得新知识，更新自己的认知结构。学生在对具有启发性的案例进行学习之后，能够提高自身的历史学习能力，在面对其他不同的问题情境时，也能够自主利用已有知识经验，借助知识的迁移将相似的问题妥善解决。

（二）案例教学中设计问题的原则

"案例的构成应该以问题为中心，提供学习者解决问题的两难困境，并列出一些待答的研究问题，作为以问题为中心的教学策略。"案例教学中问题的设置十分重要，好的问题可以使案例中的教育性因素充分发挥作用。

1. 指向性原则

案例问题的提出是为了引导学生分析案例、为了实现教学目标的，而不是单纯地为了增加互动，活跃氛围。如果教师只是为了提问而提问，不注意提问的针对性，可能会制造出历史课堂气氛变得活跃的假象，但是学生的思维很大程度上不能受到启发，更不用说激活思维和建构知识体系。这就导致师生之间的互动失去了应有的效果，教师的教也难以达到预期的教学目标。所以，问题应该围绕教学的重难点提出，让学生能够对重要的知识进行深入地剖析。

案例教学凭借能引起学生认知冲突的案例和问题来激活学生的思维。但如果教师设置的问题过难，可能只有较少部分学生能对这个问题进行解答，其余学生难以参与问题的探究。相反，如果设置的问题过于简单，学生很容易就能对答案达成一致，几乎不用过多地思考，这样的问题并不具备训练学生历史思维能力的条件。案例教学的最终目的就在于发展学生的知识建构能力，拓展学生的历史思维。所以，问题的设置要把握住度，要适应学生的学习水平。问题设置的最佳难度就是学生需要通过自己的努力解决这个问题，学生通过解决问题能获得继续学习的动力，这使学生在再次面对相似的问题情境时，更加积极主动地投入其中，提出不同的意见，进而开展合作探究，全面构建认知结构。

2. 层次性原则

在案例之后呈现的问题可以引导学生的思路，帮助学生解析案例，所以，教师也应该根据学生的认知发展的规律对案例问题的设置进行考虑。在历史学习中，学生认知发展的规律性主要表现为学生从认识历史发展趋势和规律向自主利用历史规律解决实际问题发展的过程。在这一过程中，教师对学生知识建构的培养要遵循其认知发展的规律，通过逐步提高问题的难度促进学生思维不断深入，一步步引导学生对案例问题进行深入探究。

二、运用案例教学法促进初中生历史知识建构的途径

案例教学有利于学生获得感性认识，通过自主或合作思维活动，将感性认识进行建构，寻找事物之间内在联系，完善自己的知识体系。历史教学应尽量让学生体验到具体知识到抽象知识的完整转化过程，直接告诉学生结论无法使学生构建起自己的认知结构。学生要想真正将新知识内化进自身的认知体系，需要经过一个复杂的知识建构过程。

（一）设计新课导入，激发学生建构心向

建构主义认为，教学应该是学生积极地构筑自身知识体系的过程。案例呈现后，学生应积极主动寻找新旧知识存在的联系和能够在新旧知识间建立联系的关键信息。所以，案例教学法对学生知识建构的促进的第一个步骤是要引起学生知识建构的心向。建构心向就是指学生积极主动对知识进行建构的倾向性，能够引起学生建构心向的案例要符合学生的认知特点，又要可以引发学生的认知冲突。要想在历史课堂中激起学生的学习兴趣，促进知识建构的达成，导入的方式方法十分重要。在导入环节运用案例教学法，可以有效地达成这一目的。

（二）利用教学示范，教授学生建构方法

教师不仅要关注学生探究问题的结果，更要注重学生分析解决问题的过程。教师不仅要教给学生历史知识，而且要教授他们解决问题和构建知识的方法。鉴于初中生的心理特点具有可塑性和向师性，教师的思想观念和行为举止会无意识地对学生产生影响，教师可以通过示范的形式教授学生知识建构的方法。学生通过对教师的模仿习得历史学习方法，

是学生历史学习的重要组成部分。这一过程有利于学生有目的、有章法地对学习内容进行分析和概括，有利于学生通过对知识内在逻辑结构的分析，掌握历史知识的本质规律。

（三）组织学生合作探究，促进知识体系建构

任何认识的获得都要经过实践的检验，只有在实践之中，学生才有机会真正、地提高学习技能，发展学习能力。知识体系也是学生在实践中建构出来的，因此为学生提供解决实际历史问题的机会是促进学生知识建构能力发展的重要途径，也是检验知识建构成果的重要手段。在学生通过一系列学习活动获得新知识后，教师应给学生制造更多独立分析和解决问题的机会，让学生能积极主动地进行思维活动，自行构建认知结构，内化历史知识。

教师的教学成果取决于学生自主学习的成效，任何教学的完成都要建立在学生自主实践之上，学生的学习也离不开合作探究。与此同时，案例教学也强调发挥学生合作互助的精神，主张学生共同讨论案例以深化认识。教师要注意激发学生的学习积极性，引导学生参与小组讨论，并在学生需要时提供帮助，防止学生的讨论偏离主题，促进学生对问题进行深入思考。

（四）归纳总结教学内容，促进学生知识内化

为了促进学生认知结构的构建和思维能力的发展，教师不仅要重视对教学过程的归纳总结，还要重视引导学生对自身学习过程的归纳总结。归纳总结是一个能够让学生对案例教学内容进行提升、巩固的教学环节。案例教学中，学生在对具体案例进行分析、思考和解决后，建立起了初步的认知结构。这一过程中学生的学习对象主要是具体的案例情境，学到的历史知识并不是完全精练的，所以最后的总结归纳十分必要，对建构知识体系有很好的效果。另外，教师还应该对教学的全过程进行反思、总结和提高，对自己的教学优点和不足形成正确的认识，以便继续完善教学，更好地促进学生知识建构能力发展。而学生要对自己的认知过程进行回顾和再现，有意识地反思自己的思维活动，发现自己认知的不足之处，不断总结知识建构方法，从而改进思维方式，更新知识结构。

对学生知识建构能力的培养过程是学生从在教师的帮助下对教学内容进行分析，到逐渐学会自主进行知识建构的过程，这一流程类似于支架式教学的模式。教师对教学内容进行归纳总结，将全篇的知识连成一条有逻辑的知识链，帮助学生对重点知识形成更为深刻的认识，这一过程有利于学生系统地掌握历史知识结构。学生在教师多次示范后逐渐掌握了知识建构的程序性知识，并在实践中对学习过程中一个或多个历史案例的总结讨论，提炼出历史发展的趋势和规律，将历史知识由具体问题向抽象知识转化，建构起知识网络体系。

综上，知识建构能力的发展是一个复杂的、长期的过程。知识的建构需要经过教学的导入、案例的分析、问题的解决等一系列学习过程才能完成。这一复杂的学习过程中，教

师对学生各方面能力的培养最后促成了学生知识建构能力的提高。学生知识建构能力的提升并不是经过一次教学就能够促成的，只有在一次次的实践中不断改进。

第六章

初中历史课堂教学效果的优化

第一节　初中历史课堂教学的方法

科学合理、与时俱进的教学方法，能够保证教学活动得到有效落实，但从当前初中历史课堂教学情况来看，教学方法单一、固化，教学效果差、效率较低。因此，要对教学方法进行创新，以跟上时代的变化，全面落实教学体制改革。这就需要对初中历史课堂教学新方法进行分析，科学调整教学方式，改变教学现状。

一、小组教学法在初中历史课堂教学中的应用

小组合作教学是近几年来兴起的一种教学模式，主要通过教师的组织和引导，让学生以小组为单位对历史知识内容和问题进行探究，从而完成历史知识学习。在初中历史课堂教学中开展小组合作教学法，需要根据学生的实际情况进行科学的设计，结合学生的学习情况、学习效果，科学划分学生小组，让学生得到全面的发展。比如：在进行《早期国家的产生与社会变革》这一课的教学时，教师可以让学生以小组为单位，探讨分析中国早期王朝走向灭亡的原因，以此提高学生的分析能力、沟通能力和表达能力。同时还可以以小组为单位展开不同的小组活动，包括：小组历史知识竞赛、小组历史故事表演等多样化的活动，以此有效激发学生的历史学习兴趣，让学生形成良性竞争关系，从而促使学生得到全面发展。

二、微课教学法在初中历史课堂教学中的应用

微课作为一种现代化的教学资源，在初中历史教学中发挥着重要作用，可以有效激发学生对历史知识方面的探究欲望，还能够帮助学生更好地构建知识体系，优化逻辑思维，为后续的历史学习奠定良好的基础。比如：在初中历史课堂教学过程中，利用微课视频可以重现历史事件，深化学生记忆。教师讲解鸦片战争有关知识时，可以利用微课在 10 分钟内概括这一节历史课中的重点和难点，明确这一时期社会性质的巨大变化。同时利用录屏软件和 PPT 等，为学生重现鸦片战争这一时期的具体情况，通过视觉感官上的刺激激发学生产生情感共鸣，让学生对鸦片战争这一历史事件形成深刻的感知，让学生更愿意参与到历史课堂学习中，在无形之中还会让学生的历史素养得到真正强化，提高学生的历史水平，切实提高初中历史课堂的教学质量。

三、情境教学法在初中历史课堂教学中的应用

初中历史课堂涉及的知识点较多，学生想要真正理解难度较大，传统的教育教学方法

无法调动学生的学习积极性，将情境教学法应用在初中历史课堂中，可以在提高教学效果的同时，培养学生的历史情感和民族精神。情境教学法可以在不同课堂教学阶段中应用，而且在不同教学阶段这种教学方法发挥的教学作用也各不相同。比如，在对《汉通西域和丝绸之路》一课进行教学的过程中，教师为学生播放古代丝绸之路的短视频，并且和学生一起进行模拟情境表演，重现丝绸之路的场景，让学生在观看和亲自体验的过程中，加深对历史发展的感悟，从而形成良好的历史人文感。在这个过程中，教师可以给出一些丝绸之路的限定条件，帮助学生提高代入感，让学生可以真正感受到古代发展的不易，形成正确的历史观和爱国主义精神。

四、问题教学法在初中历史课堂教学中的应用

利用问题教学法，可以让学生养成寻找问题、发现问题的习惯，问题能力的培养可以让学生对历史课堂知识进行深入的了解分析。比如，教师可以在教学过程中提出问题，并且利用多种不同的信息资料引导学生发现问题，让学生主动进行思考，敢于提问、勇于质疑，形成历史辩证思维，为学生后续的学习奠定良好的基础。比如，在《君主集权的强化》一课中，教师可以提出"古代君主集权对百姓的好处与弊端？君主集权的发展优势和缺陷"，以此调动学生的思维，让学生在思考过程中不断挖掘历史内容，来证实自己的答案，不仅如此，教师在应用这种教学方法的过程中，要充分考虑学生的实际情况，根据学生的思维特点，设置不同等级的问题，引导学生逐层递进一步思考，从而形成正确的思维模式，形成历史辩证思维，全身心投入历史课堂教学活动中，让学生真正感受到历史的魅力，发现教学中的关键问题，形成问题意识。以此，在遇到陌生的历史知识时，也能够在短时间内发现历史知识的核心。

在当前教学环境中，想要真正构建出一个良好的初中历史课堂，提高教学效率和教学质量，教师就要不断地转变教学观念，寻求全新的教学方法。要在传统教学方法的基础上，结合科学技术、教学现状、学生情况等因素，优化教学方法，满足学生的学习需求，提高初中历史课堂的活力，推动学生全面发展。

第二节　课堂教学效果影响因素思考

一、影响学生历史课堂学习的内部因素

（一）认知发展与个体差异

认知发展涉及的要素较多，包括知觉、记忆、思维、语言、智力等。和历史学习相关的个体差异，则与智力、学习风格等有很大的相关性。教育家维果茨基提出的"最近发展

区"理论认为，教学不能只适应发展到现有水平，要判断其潜在水平，并最终跨越最近发展区而达到新的发展水平。

（二）认识结构与迁移

认识结构就是学生头脑中的知识结构。它可以泛指学生头脑中的观念和全部的融合组织；也可以认为是学生在有关历史知识领域内的观念和内容组织。迁移是一种学习对另一种学习的影响。对历史学习起促进作用的是正迁移，而起干扰作或抑制作用的则为负迁移。历史教学要实现正迁移，就要注重教学的稳定性。

（三）学习动机

学习的动机是为激发个体进行学习活动，维持已引起的学习活动，并使学习行为向一定目标前进的一种内在心理状态。它是由学习需要引起的。这种需要是社会和教育对学生的宏观要求在学生头脑中反映。学生学习动机足够，学习才会主动积极，才能把"要我学习"转变成"我要学习"。

二、影响学生历史课堂学习的外部因素

（一）教学方法

当前历史课堂教学中最为常见的教学方法是讲授法和发现法。教师讲解到位有助于学生形成形象的历史素材和严密的历史思维。但"一讲到底"却不易调动学生学习的积极性。而学生主动参与、乐于探究、勤于动手的能力的培养离开发现法是做不到的。例如，教师可在课前，课中和课后安排进行信息的搜集和整理，这正是对发现法的合理运用，这也有助于培养学生搜集和处理信息的能力及获取新知识的能力，对提升学生分析和解决问题的能力也大有好处。

（二）教学工具

教学工具是用于传递教学信息的媒介。幻灯片、投影仪、多媒体计算机、互联网、远程信息等都是历史教学的多媒体工具。历史教学中，教科书所选的历史资料非常有限，不能加深学生的理解，而借助多媒体教学工具，即便学生没有生活经历或生活体验，仍然可以通过网络获取大量的知识。不同的教学内容可选择不同的教学工具。对于教师而言，应该根据实际条件、自身特点采用适当的多媒体网络资源，需要综合考虑教学观念、学生特征、教学环境和经济因素等，从而选择适合的媒介来提高课堂教学的有效性。

（三）合作与竞争

在历史课堂中，鼓励学生进行合作，不仅能够增强学生的团队感，还能促使学生互相学习交流，让学生自觉改进学习态度和方法。但是，合作学习一旦忽视了学生的个体差异，就会起到反作用，会阻碍学生的学习，使学习效率大大降低。课堂中的竞争有利于增添学习乐趣，增强学习效率，在竞争中学生可以认识自身的弱点并加以克服，但用力过猛

则容易使学生感到紧张和焦虑，从而抑制学习。所以，在合作与竞争学习中，教师既要关照全体学生，还要照顾个别学生，合理使用合作和竞争方式进行教学。

（四）其他

影响学生课堂学习的因素还有很多，如教育目标，教学内容、教师观念、教师个人素养、校园文化、教学管理风格等。这些因素都是影响学生学习的外部因素，而这些因素的改善主要依靠学校管理层面，而作为教师个体只有在职业道德、个人素养以及观念的改善上下功夫，才能促进学生更好地学习。

第三节　课堂教学效果优化策略

一、改变历史教师的教学观念

传统的教学观念已经不能满足于现在的义务教育，想要彻底转变传统的应试教育。传统的应试教育是以教师为主要核心，学生处于被动的接受，传统的教育方式一直都是属于填鸭式的教学，让学生们死记硬背老师教学的知识点。如果老师讲课语言不生动，就会让学生有溜号的现象发生，因此课堂的教学效率低下。如何才能够提高历史课堂的教学质量呢？这就需要历史老师创新历史课堂的教学方案，只有历史老师用心去发掘新的教案，在实践当中反复使用新的教案，最后形成新的教学方式。作为时代的先锋老师就应该与时俱进，无论是历史老师，还是其他科目的老师都应该不断地学习，在学习当中不断地摸索新的教学方案，尤其是历史老师也应该重视教学理念，要学生们对历史更加的关注，重视课堂的45分钟教学，让学生们认可历史科目。历史老师更应该改变自己的教学观念，只有改变自己的教学观念，才能够真正的实现创新的学习方案。在新的教学理念要让学生凸显自己的主体地位，让学生参与到课堂当中，进而来营造轻松的学习氛围，激发学生们学习历史知识的兴趣。

二、改变教师的学生观

初中历史教学比较枯燥无味，想要轻松营造快乐的学习氛围，历史老师就应该创造一个尊重学生的教育环境，让学生们学得会回答问题和提出问题，只有师生良性互动才能够提高历史教学水平。传统的教育教学理念已经跟不上时代的步伐，因此历史老师也应该更新教学方案。只有摒除陈旧的理念才能够创新方案，让学生们更喜欢历史课堂。许多老师并不会在课堂上主动与学生的互助，只会选择传统的应试教育，在课堂上只会选择把自己知道的知识点讲授完，她们并不理会学生们的感受。因为传统教育的理念影响教师们的学生观，所以历史老师要主动的去和自己的学生交流，在交流当中教学历史知识，进而来提高课堂的教学效率。

三、改变学生的学习观

由于历史学科在升学的比重并不高，学科本身的局限性让许多学生并不喜欢历史。历史学科死记硬背的东西非常多，这也导致许多学生觉得上历史课是浪费时间。因此历史老师，想要引导学生正确地认识历史的意义，还需要老师建立正确的历史学习观念。让学生们意识到学习历史，并不需要死记硬背也能够掌握历史知识。充分利用课堂时间，让学生们在课堂上勇于提出问题，并且学会用历史知识分析解决问题的能力，许多学生会在上历史课之前选择做主科的练习册，他们不喜欢听历史老师在课堂上讲述书本上的内容，因此历史老师在课堂上，一定要学会利用有限的时间，转变学生对历史科目的学习观念。只有真正的把学生的学习观念转正过来，才能够让学生们知道学习历史的意义。最后才能够让学生们懂得历史知识对自己今后的发展有重要意义，才能够让学生们对历史科目产生兴趣，才能够让学生们更加热爱祖国，进而成为对国家有用的人才。

第四节　课堂教学效果具体优化步骤及重点

一、丰富课堂内容，引用多媒体等新兴元素

历史课堂相较于化学、物理等这些学科较为枯燥，历史没有精彩的实验现象，没有稀奇的物质演变过程，只有固定的事件、发生时间这些不容许更改的文字叙述。所以教师应改变教学理念，采用新兴的元素丰富课堂，首先就要让学生对历史学科提高兴趣度，从而鼓励学生关注历史、学习历史，培养学生的历史素养。现当代科技发展飞速，多媒体早已经成为教学中必不可少的辅助工具，新课改中也强调课堂必须配备多媒体。多媒体可以将音乐、图像、声音、动画等生动形象地展现在学生面前，历史课堂上教师可以通过多媒体将抽象化的文字叙述具象化，可以节选电影中相关历史事件的部分，或与事件相关的音乐作品等，教师还可以通过故事形式讲解事件中发生的趣事等，这些都可以带动学生，让学生对其产生好奇心，激发学生的学习兴趣，这个时候学生的注意力是最集中的，所以教师在此时将历史知识讲解出来，学生的记忆效果会更好。从教师角度，教师可以开拓思维，把格局放大，把握好课堂的度量，将知识与趣味融合在一起，做到既不偏离课堂主题又能带动学生参与课堂，让学生感受到历史学科的乐趣。

二、情境教学，增强学生的画面感

情境教学已经成为课堂上非常受欢迎的教学方法了，很多学生在情境教学中可以合理

融人课堂，学生在中学阶段仍处于对外物认知能力较差的阶段，教师可以利用这一点一边培养学生的辨识能力和观察能力，一边增强学生的课堂代入感。教师可以根据社会时事结合课堂内容，让学生了解时事后明白课本上的内容的深层含义。情境教学最重要的就是让学生产生共鸣，将自己投入情境中，此时教师也可以利用多媒体投影等让学生通过素材感受当时的气氛，从而提升自身对历史事件的理解能力。

三、利用规律，帮助学生理解历史

传统的教育模式中，课堂教学很大程度上依赖课本内容，很多教师只采取课本上的内容，这样的课堂十分枯燥，学生的学习兴趣直接下降，更重要的是学生单从课本上很难抓住重点，学习过程中压力很大，历史又属于知识点十分密集的学科，不对历史学科进行创新很难提升课堂教学效率。任何事物都有发展规律，历史学科也是一样，教师可以将历史的发展分成不同阶段讲解给学生，让学生根据事件发展的规律进行记忆，避免死记硬背导致的知识死板，难以灵活运用的现象发生，让学生深刻地了解历史，从而提升学生的历史素养，提高历史教学效果。

总体来说，中学时期，学生已经进入培养知识专业性的阶段，历史学科对培养学生的世界观、价值观，学生的社会实践能力，学生的认知能力都有着很大的作用。制定合理的创新历史学科教学方案可以有效提升课堂教学效率，提升学生对历史学科的兴趣，开拓学生思维，巩固知识储备，让学生发自内心地接受历史学科，大幅提升历史学科的教学质量。

参考文献

[1]戴玲君.初中历史教学中如何构建互动性课堂[J].亚太教育,2022(08):148—150.

[2]朱迎春.大事年表在初中历史教学中的应用研究[D].上海师范大学,2022.

[3]陈淑华.新课改视域下初中历史教学探究[M].长春:吉林人民出版社,2021.

[4]赖芳.赣州客家文化在初中历史教学中的应用研究[D].江西科技师范大学,2021.

[5]林雨欣.角色扮演法在初中历史教学中的应用研究[D].华中师范大学,2021.

[6]夏陈伟.素养导向的课堂教学初中历史与社会[M].上海:华东师范大学出版社,2021.

[7]沈晓萍.初中历史教学中创设情境渗透德育教育的策略[J].亚太教育,2021(24):68—70.

[8]郝丽娟.初中历史教学中微课的应用研究[D].华中师范大学,2021.

[9]魏玉兰.核心素养视角下初中历史课堂教学提升策略探究[D].延边大学,2021.

[10]胡天阳,宋新泉.文化自信视域下初中历史统编教材的解读[J].文化创新比较研究,
    2021(32):105—108.

[11]徐赐成.中学历史教学案例研究[M].西安:陕西师范大学出版总社,2021.

[12]李俐.中华优秀传统文化与初中历史教学的有效融合[J].亚太教育,2021(21):29—31.

[13]冯清梅.文博资源在初中历史教学中的有效应用[D].浙江海洋大学,2021.

[14]刘讷.通史体例下的初高中历史教学衔接研究[D].南宁师范大学,2021.

[15]陈家有.历史的天空历史课堂教学中的德育与美育[M].昆明:云南美术出版社,2021.

[16]李玉梅.对提高初中历史课堂教学有效性的思考[J].科学咨询(教育科研),2021(10):
    218—219.

[17]李春花.新时期初中历史探究式教学的应用与实施[J].科学咨询(教育科研),2021
    (09):273—274.

[18]龚士柯.新时代初中历史教学中家国情怀培养策略研究[D].喀什大学,2021.

[19]武杏杏.认知与探索历史课程与教学研究[M].北京:中国书籍出版社,2021.

[20]雷鑫.学案在高中历史教学中的设计与运用研究[D].天津师范大学,2021.

[21]李中华.初中历史教学如何弘扬传统美德[J].科学咨询(科技·管理),2021(08):266—267.

[22]刘相.核心素养导向的中学历史教学[M].北京:九州出版社,2021.

[23]李中华.浅谈初中历史教学中的传统美德教育路径[J].科学咨询(教育科研),2021
    (07):210—211.

[24]岑如涛.生命教育在初中历史教学中的渗透研究[D].天津师范大学,2021.

[25]王桂莲.历史教学与研究文集[M].北京:中央民族大学出版社,2020.

[26]燕秀芳.核心素养背景下初中历史课堂教学的创新[J].科学咨询(教育科研),2021(04):219—220.

[27]梁世总.历史故事在初中历史教学中的运用分析[J].科学咨询(教育科研),2021(03):254—255.

[28]陶雪舟.初中生历史主观题解题能力培养研究[D].湖南师范大学,2021.

[29]凤光宇,徐洁.学生发展核心素养视野下初中历史教学实践研究[M].上海:上海教育出版社,2020.

[30]刘倩.课程思政在初中历史教学中的应用研究[D].杭州师范大学,2021.

[31]周泽欣.项目式学习在初中历史教学中的应用研究[D].广西民族大学,2021.

[32]赵志红.初中历史教学中时空观念的培育[J].河南教育(教师教育),2021(03):67.

[33]贾云涛.历史教学设计与实践研究[M].哈尔滨:哈尔滨出版社,2020.

[34]杨红红.立德树人视域下的初中历史微主题教学实践研究[J].品位·经典,2021(04):156—157.

[35]李林.体验式教学在初中历史教学中的应用研究[D].山东师范大学,2021.

[36]侯建新,王荣君.历史文化与教育教学[M].长春:吉林文史出版社,2020.